MAROC

ENTRE CIEL ET TERRE

NATIONAL GEOGRAPHIC

MAROC ENTRE CIEL ET TERRE

PHOTOGRAPHIES

Antonio Attini

Textes
PAOLO GALLIANI

Coordination éditoriale
MARCELLO LIBRA
ALBERTO BERTOLAZZI

Création graphique
PAOLA PIACCO

Couverture
Le village d'Aït-Benhaddou s'étage sur les flancs de la Vallée des Merveilles.

Quatrième de couverture
L'immense mosquée Hassan domine la corniche de Casablanca de son minaret haut de 210 m.

1
À Ksar-el-Seghir, de nombreuses résidences touristiques ont été édifiées en bord de mer.

2-3
La végétation sauvage et les terres cultivées du Haut Atlas contrastent avec ses bandes désertiques.

4-5
La *skala* du port domine la médina d'Essaouira.

MAROC ENTRE CIEL ET TERRE

Sommaire

6-7 et 8
Aux environs de Laâyoune, s'étend le Sahara.

9
Le mausolée de Mohammed V est l'un des principaux monuments de Rabat.

10
La vallée du Drâa déroule son ruban vert au milieu du désert.

11
Entre désert et océan, de curieux lacs salés se sont développés autour de Tarfaya.

12-13
Les principaux sommets du pays se situent entre Marrakech et Ouarzazate. Haut de 4 165 m, le djebel Toubkal est le point culminant du Haut Atlas.

14-15
Tamelelt est, aux portes du désert, un labyrinthe de ruelles et de maisons basses envahi de palmiers et d'oliviers.

16-17
Une épave repose sur la magnifique plage de Tarfaya.

L'auteur

ANTONIO ATTINI EST NÉ À TURIN EN 1960. IL A RÉALISÉ AUSSI BIEN EN EUROPE, EN AFRIQUE, EN ASIE QU'EN AMÉRIQUE DE NOMBREUX PHOTO-REPORTAGES PUBLIÉS PAR LES MEILLEURS MAGAZINES INTERNATIONAUX DE TOURISME. COLLABORANT À NOMBRE DE PROJETS PRESTIGIEUX, ANTONIO ATTINI EST MEMBRE DU KODAK GOLD CIRCLE DEPUIS 1994, DANS LA CATÉGORIE « EXCELLENCE ». IL TRAVAILLE AVEC LES ÉDITIONS WHITE STAR DEPUIS 1989, SIGNANT LES IMAGES DE PLUSIEURS OUVRAGES DANS LES COLLECTIONS « PAYS DU MONDE », « TOUTE L'AMÉRIQUE » ET « SITES HISTORIQUES ». IL SE CONSACRE DÉSORMAIS À LA PHOTOGRAPHIE AÉRIENNE EN AMÉRIQUE ET EN EUROPE. IL A AINSI PARTICIPÉ POUR LES ÉDITIONS WHITE STAR À LA CONCEPTION DE PLUSIEURS TITRES DES COLLECTIONS « UN MONDE D'ÉMOTIONS », « LE MONDE VU D'EN HAUT » ET « ENTRE CIEL ET TERRE ».

MAROC ENTRE CIEL ET TERRE

Introduction

« L'ENDROIT OÙ L'ON PEUT TROUVER TOUT CE QUI MANQUE AUX HABITANTS DES PAYS DU NORD ». C'EST EN CES TERMES ÉNIGMATIQUES ET POURTANT PLEINS DE PROMESSES QUE JACQUES BREL PARLAIT DU MAROC. CHAQUE VOYAGEUR APPRÉCIERA À LA LUMIÈRE DE SON EXPÉRIENCE LA PROFONDE JUSTESSE DE CETTE DÉFINITION.

LORSQUE L'ON SURVOLE LE MAROC À 1 000 MÈTRES D'ALTITUDE, L'AIR CHAUD VENU DU DÉSERT SUCCÉDANT AUX VENTS FURIEUX DES CÔTES ATLANTIQUES, L'ÉTONNANTE GÉOGRAPHIE DU PAYS SAUTE AUX YEUX. ON POURRAIT S'AMUSER À LA DÉCRIRE DE FAÇON QUASI ANATOMIQUE : LA CHAÎNE DU RIF SERAIT LA TÊTE, L'ATLAS L'ABDOMEN, L'ATLANTIQUE ET LA MÉDITERRANÉE LES FLANCS, LE DÉSERT LES JAMBES ET LES PIEDS S'ÉTIRERAIENT VERS L'ALGÉRIE, LA MAURITANIE ET L'AFRIQUE NOIRE. C'EST UN PROCESSUS HISTORIQUE ET CULTUREL LONG ET

Les eaux froides de l'Atlantique lèchent les magnifiques plages de sable rouge, donnant naissance à de curieuses formations géologiques.

Introduction

COMPLEXE QUI A FAÇONNÉ LES LIMITES DE CE PAYS. L'ACCOMPLISSEMENT D'UN DESTIN, EN QUELQUE SORTE.

AU MAROC, LES PAYSAGES CHANGENT CONSTAMMENT. LES MONTAGNES DESSINENT TROIS OU QUATRE LONGUES PROTUBÉRANCES DE PICS ET DE PLATEAUX, PUIS LES PLAINES DE VASTES TACHES VERTES, AVANT QUE LE DÉSERT N'IMPOSE SES COULEURS CHAUDES SUR DE LONGS KILOMÈTRES. CES CONTRASTES SONT L'ESSENCE MÊME DU MAROC, « PAYS FROID », DIT-ON, « OÙ LE SOLEIL EST CHAUD », OÙ SE CÔTOIENT RICHESSE ET PAUVRETÉ, MODERNITÉ ET ARCHAÏSME.

ICI VIVENT DES PASTEURS SEMI-NOMADES, LÀ DES PAYSANS BERBÈRES QUI S'ÉCHINENT À RENDRE LA TERRE FERTILE ET LUTTENT CONTRE L'AVANCÉE DU DÉSERT. LES MÉDINAS DE FÈS OU DE TÉTOUAN NE SE DÉVOILENT VRAIMENT QU'À LA LUMIÈRE DE L'ORGANISATION SOCIALE SUBTILE QUI EN RÉGIT LA VIE QUOTIDIENNE ; LES OASIS S'APPRÉCIENT À L'AUNE DU LABEUR DE LEURS HABITANTS, QUI COMBATTENT LA SÉCHERESSE ET LES TEMPÉRATURES CANICULAIRES ; TOUT ICI DEMEURE PRÉCAIRE ET INSTABLE. ENFIN, LES TRANSFORMATIONS SOCIALES ET CULTURELLES QUI TOUCHENT LES ZONES URBAINES NE SAURAIENT MASQUER

Introduction

QUE LE MAROC, TOUT À LA FOIS ANCRÉ DANS LE PRÉSENT ET TOURNÉ VERS L'AVENIR, RESTE PROFONDÉMENT RESPECTUEUX DU PASSÉ. IL FAUT GARDER TOUT CELA EN MÉMOIRE SI L'ON VEUT COMPRENDRE LES PAYSAGES ET APPRÉCIER LEUR BEAUTÉ À LEUR JUSTE VALEUR.

DANS CETTE RÉGION QUE LES ANCIENS ONT BAPTISÉE MAGHREB, « LÀ OÙ LE SOLEIL SE COUCHE », TOUT SE RENCONTRE EN ABONDANCE. HAUTES MONTAGNES ET DÉSERT IMMENSE, TERRES TANTÔT ARIDES TANTÔT FERTILES, ARABES ET BERBÈRES SONT AUTANT DE NUANCES QUI CONSTRUISENT NOTRE PERCEPTION DE CE PETIT MORCEAU D'AFRIQUE BAIGNÉ PAR LA MER MÉDITERRANÉE ET L'OCÉAN ATLANTIQUE. LE MAROC EST UNE TERRE FASCINANTE QUI OSCILLE ENTRE TRADITION ET MODERNITÉ, ACCUEILLANTE ENVERS LES ÉTRANGERS, MAIS RÉSERVÉE, PROTÉGEANT SES VALEURS ET PROFONDÉMENT ATTACHÉE À SES COUTUMES ANCESTRALES. OUVERT SUR L'EUROPE DONT IL EST GÉOGRAPHIQUEMENT PROCHE, SEULS 15 KILOMÈTRES LE SÉPARENT EN EFFET DES CÔTES ESPAGNOLES ET DE GIBRALTAR, LE MAROC PRÉSERVE JALOUSEMENT SON IDENTITÉ CULTURELLE.

Introduction

LE JEUNE ROI MOHAMMED VI A SOULIGNÉ QUE « POUR LES OCCIDENTAUX, LE MAROC, C'EST L'ORIENT, ET POUR LES ORIENTAUX, C'EST DÉJÀ L'OCCIDENT ». LE CONTRASTE EST EN EFFET VIOLENT ENTRE DES VILLES COMME MARRAKECH OU ESSAOUIRA, DEVENUES LE RENDEZ-VOUS GLAMOUR DE LA JET-SET INTERNATIONALE, ET L'ÂPRE DÉNUEMENT DES PROVINCES RURALES BERBÈRES OUBLIÉES PAR LE BOUM ÉCONOMIQUE DES ZONES CÔTIÈRES. VÉRITABLE TERRE D'AVENTURES, AVENTURE PHYSIQUE ET AVENTURE INTÉRIEURE, LE MAROC EST UN PAYS AUX MULTIPLES VISAGES. IL EST IMPÉRATIF DE PRENDRE SON TEMPS, DE PRÉFÉRER L'EXAMEN DES DÉTAILS À UNE MULTIPLICATION DE COURTES EXCURSIONS POUR S'APPROCHER AU PLUS PRÈS DE SON IDENTITÉ PROFONDE ET PRENDRE LA PLEINE MESURE DU MAROC AUTHENTIQUE.

ALORS QUE L'ON SURVOLE ESSAOUIRA, NOUS REPLONGEONS AVEC DÉLICE DANS L'ATMOSPHÈRE DES ANNÉES 1960 ET 1970. CAR CETTE CITÉ CÔTIÈRE FUT UN DES LIEUX DE PRÉDILECTION DES HIPPIES, FANS DE PAUL BOWLES, CAT STEVENS, JIMMY HENDRIX OU BRIAN JONES. POUR EUX, LE MAROC REPRÉSENTAIT LE PARADIS SUR TERRE.

Introduction

QUELQUES HEURES DE VOL PLUS TARD, VOICI LES VALLÉES ET LES CANYONS DE LA RÉGION DE OUARZAZATE. RIDLEY SCOTT, MARTIN SCORSESE, DAVID LEAN, OU ENCORE TONY SCOTT Y ONT TOURNÉ QUELQUES-UNS DE LEURS MEILLEURS FILMS, AVEC DES STARS COMME SEAN CONNERY, MICHAEL CAINE, GÉRARD DEPARDIEU, BRAD PITT, ROBERT REDFORD OU MICHAEL DOUGLAS. CETTE ZONE ARIDE ET PRÉDÉSERTIQUE, AGRÉMENTÉE DE DÉCORS EN CARTON-PÂTE, EST AINSI DEVENUE UN LUXURIANT « HOLLYWOOD DES SABLES » QUI EMPLOIE DES DIZAINES DE MILLIERS DE FIGURANTS.

DANS LE HAUT ATLAS, LA JOIE DE VIVRE DES BERBÈRES N'A D'ÉGALE QUE LEUR SIMPLICITÉ. À ZAGORA, ON RENCONTRE DE PETITS ALADINS, TROP HEUREUX DE RACONTER QUE TOMBOUCTOU EST À ENVIRON DEUX MINUTES DE MARCHE D'ICI. ET QU'À MARRAKECH, SUR LA PLACE JEMÂA EL-FNA, ON RISQUE UNE CRISE D'AGORAPHOBIE. ZAGORA EST UNE BOURGADE ÉTONNANTE, LOIN DE TOUT, QUE LES DERNIERS CONTEURS ET MUSICIENS TRADITIONNELS ESSAIENT DE PRÉSERVER DE L'UNIFORMISATION TOURISTIQUE ET MARCHANDE. L'UNESCO L'A INSCRITE AU PATRIMOINE ORAL ET IMMATÉRIEL DE L'HUMANITÉ,

Introduction

DONT LE BUT EST DE PROMOUVOIR LA CONSERVATION DE L'HÉRITAGE CONSTITUÉ PAR LES IDÉES, LES CONTES, LES MUSIQUES, QUI FONT LES CULTURES. CAR, COMME LE DISAIT VICTOR HUGO DANS UN POÈME DES CONTEMPLATIONS, LES MOTS SONT DES ÊTRES VIVANTS.

VOICI DÉJÀ MARRAKECH. L'ENVOUTANTE CITÉ IMPÉRIALE A SÉDUIT DE NOMBREUSES PERSONNALITÉS QUI Y ONT LAISSÉ LEUR CŒUR, VOIRE PERDU LA TÊTE : WINSTON CHURCHILL ET MAURICE CHEVALIER, JOSÉPHINE BAKER ET PIER PAOLO PASOLINI, JOE COCKER ET FRANCO ZEFFIRELLI, JEAN PAUL GAULTIER ET MARLON BRANDO, CHARLIE CHAPLIN ET RITA HAYWORTH...

MARRAKECH A AUSSI INSPIRÉ LES RÉALISATEURS. ON SE SOUVIENT AVOIR FRISSONNÉ AVEC DORIS DAY ET JAMES STEWART DANS *L'HOMME QUI EN SAVAIT TROP* OÙ SE MÊLENT KIDNAPPING, ESPIONNAGE, MEURTRES ET INTRIGUES EN TOUS GENRES. MAIS PAS D'AFFOLEMENT, CE N'EST QUE DE LA FICTION ! ALFRED HITCHCOCK AVAIT SU DÉNICHER DES CHARMEURS DE SERPENTS ET DES MARCHANDS À LA MINE AUSSI PATIBULAIRE QUE CEUX DU FILM. ET PUIS IL Y AVAIT AUSSI LE SERVEUR QUI, À L'ÉCRAN, CHUCHOTE QUELQUE CHOSE À L'OREILLE DE

Introduction

JAMES STEWART. DES ANNÉES PLUS TARD, LES SPECTATEURS LES PLUS OBSERVATEURS POUVAIENT EN RECONNAÎTRE L'INTERPRÈTE AU PREMIER COUP D'ŒIL : IL ÉTAIT DEVENU MAÎTRE D'HÔTEL DANS LE RESTAURANT HUPPÉ DU LÉGENDAIRE HÔTEL MAMOUNIA.

AU MAROC PEUT-ÊTRE ENCORE PLUS QU'AILLEURS, LA LIGNE DROITE EST RAREMENT LE PLUS COURT CHEMIN POUR APPRENDRE À CONNAÎTRE VÉRITABLEMENT LE PAYS. IL FAUT AU CONTRAIRE AFFRONTER LES COLS DE HAUTE MONTAGNE, PARCOURIR LES VALLÉES, BIVOUAQUER DANS LE DÉSERT ET ACCEPTER DE LAISSER DERRIÈRE SOI UNE SPLENDIDE CITÉ IMPÉRIALE EN SACHANT QU'AILLEURS D'AUTRES, AUSSI BELLES, ATTENDENT.

POUR DÉCOUVRIR AUTREMENT CE MAROC ENCHANTEUR, IL VOUS FAUT ABSOLUMENT VOUS PLONGER DANS LES RÉCITS EXTRAORDINAIRES D'AUTEURS MAROCAINS COMME TAHAR BEN JELLOUN, MOHAMED CHOUKRI ET ABDELKÉBIR KHATIBI QUI ONT PASSIONNÉ DES MILLIERS DE LECTEURS EUROPÉENS. EMPREINTES D'UN GRAND RÉALISME, LEURS HISTOIRES SONT DE POIGNANTES INCURSIONS DANS UN MAROC AUTHENTIQUE.

28
Maisons basses et ruelles étroites sont typiques des villes de la province de Marrakech.

NOUS REMONTONS DÉJÀ VERS TANGER, DERNIÈRE HALTE DE NOTRE SI BELLE ENVOLÉE MAROCAINE. QUEL BONHEUR ALORS DE SIROTER UN THÉ À LA MENTHE EN CONTEMPLANT LE SOLEIL QUI SE COUCHE SUR CETTE FASCINANTE VILLE ! LE REGARD DIRIGÉ VERS LE SUD, VERS L'AFRIQUE QUI COMMENCE ET FINIT ICI, UN PROFOND SENTIMENT DE PLÉNITUDE NOUS ENVAHIT.

30-31
Le Moyen Atlas est un patchwork de pâturages et de petits carrés de terre cultivée.

32-33
Turquoise et ocre se mêlent sur le littoral ouest de Ceuta, où Atlantique et Méditerranée se rencontrent.

34-35
Les couleurs du désert sont constellées de blanc dans les salines de la région de Laâyoune.

SYMPHONIE DE DUNES, LUXURIANCE DES OASIS

ENTRE CIEL ET TERRE

MAROC ENTRE CIEL ET TERRE

37
Près de Laâyoune, l'océan de dunes décline une remarquable palette de couleurs.

38
L'erg Lehoudi, dans le Sud marocain, impose ses teintes chaudes à tout le paysage.

Au Maroc, tout pousse à aller vers le sud, vers Ouarzazate, Tinerhir ou Erfoud, tant le Sahara fait rêver, évoquant les origines de l'humanité et rappelant l'âpreté de la nature. Le voyageur se sent redevenir un nomade. Et si, dans le sable comme dans la neige, marcher laisse des empreintes, on doit ici tenir compte de la prochaine tempête de sable. Sitôt arrivée, elle effacera toute trace du passage de l'homme et de sa vanité insensée. Dans cet espace infini où la ligne d'horizon s'estompe, où toute perspective est déformée, les hommes deviennent des héros, doués de la capacité inouïe de rendre fertile le sol le plus aride.

Dans la vallée du Dadès, les villages arborent fièrement la couleur de la terre qui les porte. Et les champs sont divisés en carrés, afin d'exploiter au mieux l'eau disponible. Sur ses flancs, des douzaines de *kasbahs* parsèment la région. Citadelles fortifiées couronnées de tours et couvertes de toits en terrasse, leur austérité est parfois atténuée de rares motifs décoratifs. Il faut absolument faire une halte dans la vallée du Ziz pour rencontrer les habitants des oasis, continuellement occupés à préserver l'existence délicate des palmiers-dattiers. Il faut aussi se rendre dans la région du Tafilalt où les puits bordent les rues, comme pour les protéger de l'érosion. À proximité de Merzouga, le lac que l'on aperçoit n'est pas un mirage : les oiseaux migrateurs s'y arrêtent pendant leur long périple.

Des cailloux succèdent aux cailloux. C'est cela le désert, pourrait-on dire... La plupart des cours d'eau sont à sec, et ils ne méritent leur nom que pendant les rares mais violentes pluies torrentielles. L'océan de sable est permanent, bien qu'il ne soit pas aussi vaste que le Ténéré au Niger ou le Tanezrouft en Algérie. L'erg Chebbi est à la fois un avant-goût, un échantillon et une synthèse de désert. La magie est partout. Les dunes ont pris la forme de longs croissants incurvés en fonction des vents dominants. Elles sont impressionnantes et en même temps rassurantes, familières, quasi ordinaires. Les 4x4, partis de l'oasis de Dar Kaoua en direction du village de Khemliya, semblent lancés à l'assaut du versant sud de l'erg, mais, pour éviter de s'ensabler, ils devront s'arrêter un peu à l'écart.

Symphonie de dunes, luxuriance des oasis

Cet espace vide, n'est-ce pas le luxe suprême ? Dans un tel environnement, une tente et un bivouac valent tous les cinq étoiles de la terre. Et peu importe s'il est difficile de faire la différence entre les dunes que le vent a rendu compactes et fermes et celles, moins exposées, où l'on va immanquablement s'enfoncer et chuter. Le désert est l'école de la lenteur et de la persévérance. Seuls comptent l'absolu, l'immensité, la Voie lactée et les étoiles qui semblent briller davantage. Les grands voyageurs prétendent même que le sable chante. Cela dépend, dit-on, du soleil et du vent : dans certaines conditions, les dunes émettraient un son perceptible à des kilomètres de distance, qui évoque pour certains le chant des sirènes. Illusion ou réalité ?

Plus au sud, non loin de Taouz, on atteint la frontière avec l'Algérie. Des rochers noircis par la chaleur torride et des dunes colorées se dressent dans les environs d'Hassi Ouzina et de Tadaout, où abondent les roses des sables. Ces concrétions aux pétales de sable cristallisé sont vendues par les autochtones qui proposent d'improbables mais séduisantes explications de leur origine. En revanche, vous trouverez malheureusement bien peu de traces de la légendaire Sijilmassa. Cette cité du désert était au VIIe siècle une ville très importante. Elle constituait une étape incontournable pour les caravanes traversant le Sahara avec leur chargement d'or, d'ivoire et d'esclaves.

À quelque 200 kilomètres à l'ouest, la vallée du Drâa apporte l'eau et la végétation depuis les hauteurs de l'Atlas et dessine une véritable autoroute d'eau et d'oxygène. Celle-ci a apaisé la soif des caravaniers pendant des siècles. La région fait désormais le bonheur des photographes et des touristes, séduits par ce fleuve qui apparaît puis disparaît dans le fond de canyons impressionnants creusés entre le djebel Saghro et le djebel Siroua, pour finir dans les dunes de la frontière algérienne. Avant cela, le Drâa a irrigué les oasis et les jardins, des zones qui ont été des carrefours de peuplement. Ici se sont rencontrés Arabes et Berbères, populations de type européen et descendants des esclaves noirs. Ils suivaient la seule route menant vers les hauteurs de l'Anti-Atlas et, plus loin vers le sud, vers les étendues

Symphonie de dunes, luxuriance des oasis

arides du Sahara occidental, en passant par Guelmim, Laâyoune, Smara et Dakhla. Ils arrivaient ainsi de la lointaine Tombouctou après cinquante jours au moins de voyage à dos de dromadaire – comme le rappelle une inscription naïve à un carrefour de Zagora.

L'expérience du désert est une vraie leçon de vie. La perception du quotidien est en quelque sorte métamorphosée. Peut-être est-ce parce que l'espace et la lumière sont différents, le temps allongé... On se sent mis à nu, débarrassé du superflu et l'esprit léger. Au Maroc, le désert est véritablement habité, que ce soit à travers ses populations qui se sont adaptées à l'environnement pour survivre, par une faune et une flore étonnantes, ou par la mémoire d'une histoire gravée sur des milliers de roches peintes.

La route goudronnée est ici digne d'une autoroute. Mais les dunes du grand Sud se déplacent, et vite, là où il ne faudrait pas. Les lignes à haute tension servent de fil d'Ariane dans ce paysage où toute perspective semble abolie. Des barrières de palmiers-dattiers ont été plantées pour contrôler davantage la désertification. Ces arbres offrent aux habitants tout ce dont ils ont besoin pour survivre : du bois pour se chauffer l'hiver ou fabriquer les toits des maisons, des dattes pour leur consommation ou pour l'exportation, et même de la sève, distillée pour fabriquer de l'alcool.

Demain sera meilleur qu'aujourd'hui, pense-t-on ici avec philosophie. C'est sans doute vrai depuis qu'une nouvelle économie se développe peu à peu grâce au tourisme. Et quand tout va mal, il y a toujours un *zaouïa*, un sanctuaire où il est possible d'implorer la protection d'un saint local ou bien solliciter l'aide d'une confrérie dans la région de Tamegroute. Dernière implantation urbaine dans la province du Sahara, ce bourg possède une bibliothèque fondée au XVIIe siècle par un voyageur érudit, Mohamed ben Nassir. Elle est remplie de manuscrits que la sécheresse du climat a remarquablement préservés. Ils traitent aussi bien d'astrologie que de droit coranique, de littérature que de philosophie. C'est un lieu symbolique pour le Sud marocain, car si ceux qui voyagent dans le désert recherchent le vide, ceux qui y vivent cherchent, au contraire, à le remplir.

42 et 43
Peu d'habitants, du sable et des cailloux à perte de vue, une végétation quasi inexistante : le djebel Ougnat est ainsi très représentatif de cette partie du Maroc.

44-45
Non loin du Saghro, le djebel Ougnat est le domaine de la tribu semi-nomade des Aït Atta. Ils s'installent sur les plateaux du Haut Atlas pendant la saison chaude et en redescendent l'hiver.

46-47
Au sud de Guelmim, la province de Smara fait partie de ce Sahara occidental dont le Maroc a repris possession unilatéralement lors de la Marche verte de 1975.

48
Située au cœur d'une des régions les plus isolées du Maroc, Smara attire chaque année des milliers de Sahariens lors des festivités qui marquent la fin du Ramadan.

49
Partout ce sont les mêmes couleurs, le même type de villages, le même contraste entre l'ocre du désert et le vert des petites oasis : le djebel Ougnat sert de toile de fond à la route qui conduit de Tinerhir à Erfoud et aux dunes de Merzouga.

50
L'oasis d'Aouïnet-Torkoz est, depuis des siècles, une étape nécessaire pour les caravanes sahariennes en route vers la côte atlantique.

51
Le village d'Aouïnet-Torkoz est bâti au pied du djebel Ouarkziz.

53
De très rares puits, un village improbable, des pistes constamment recouvertes par le sable : le site d'Aouïnet-Torkoz est à l'image de toute la basse vallée du Drâa.

54
Le village d'Aouïnet-Torkoz regroupe plusieurs hameaux installés aux confins sud du Maroc.

55
Les alentours d'Aouïnet-Torkoz constituent l'une des dernières zones du Maroc où vivent des gazelles, des hyènes et des félins.

56
De cette partie du Sahara qui s'étend du sud de Laâyoune à Dakhla, le grand aviateur Antoine de Saint-Exupéry a donné une description juste et poétique : « Cette étendue blonde où le vent a marqué sa houle comme sur la mer. »

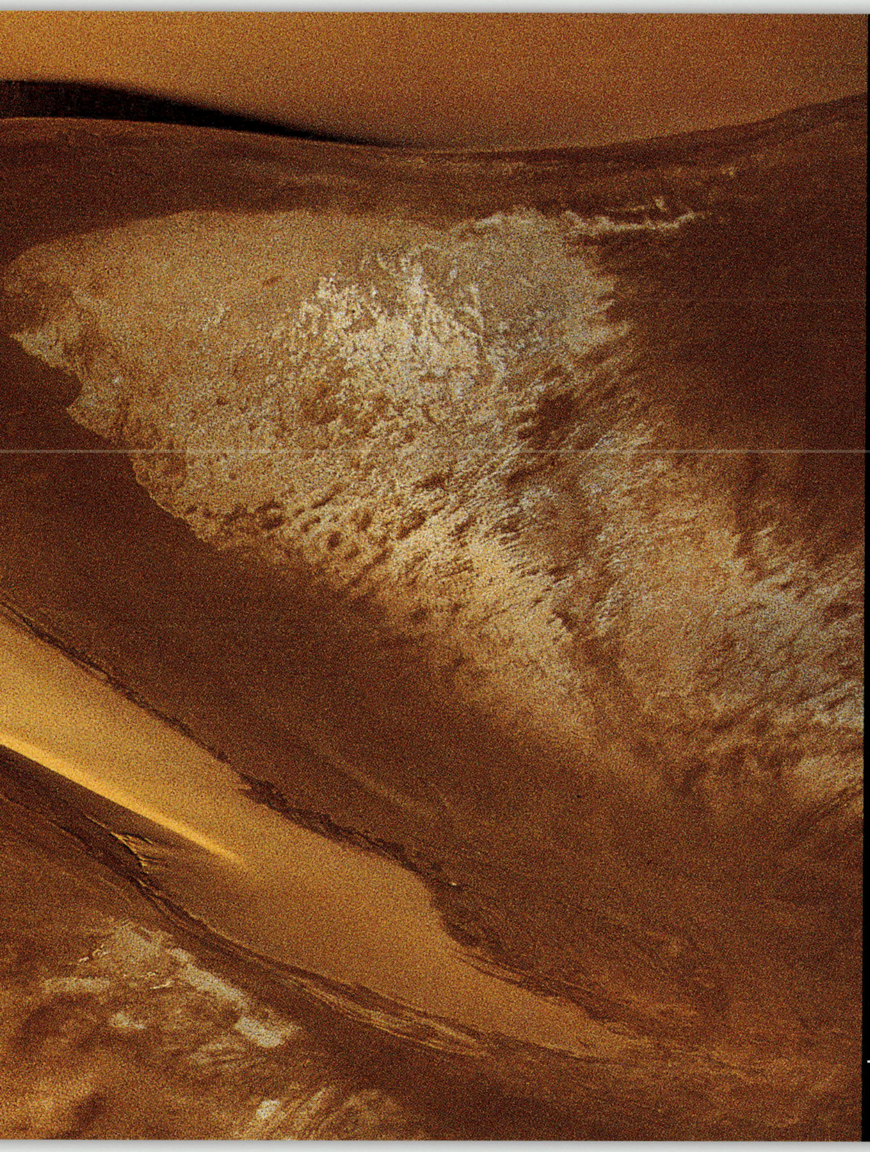

58-59
Les nomades Tekna parcourent parfois le grand désert de sable qui s'étend autour de Laâyoune jusqu'à Guelmim.

61
L'ex-Sahara espagnol est, en dehors de la côte, pratiquement dépourvu de villes. Les mines de phosphates de la région de Laâyoune en font cependant une zone stratégique pour le Maroc.

62
La ville de Laâyoune s'est développée à proximité de l'embouchure de l'oued Saguia el Hamra, rivière légendaire qui a inspiré de nombreux écrivains marocains et étrangers.

64
La présence des hommes dans le désert est de plus en plus rare, de nombreux nomades abandonnant les zones les plus reculées pour s'installer en ville, à Laâyoune.

65
Le désert est l'unique décor qui s'offre aux voyageurs empruntant la route de Laâyoune à Dakhla, qui file ensuite vers l'Afrique noire.

67
Des chapelets de dunes ponctuent la monotonie austère des *hamadas*, ces plateaux sahariens rocailleux qui s'étendent jusqu'à Laâyoune.

68
La région de Laâyoune constitue le flanc ouest du Sahara marocain qui, à l'est, se prolonge jusqu'aux oasis du Tafilalt.

69
Ces petits bâtiments proches de Laâyoune ressemblent à deux fortins abandonnés. Faire halte dans cette zone isolée du désert peut parfois se révéler angoissant.

70
De vastes étendues désertiques surplombent la vallée du Ziz.

71
Désertique, l'arrière-pays de Tinerhir se prolonge jusqu'aux dunes de Merzouga, au milieu du Sahara.

73
La longue bande désertique qui s'étire de la côte atlantique du Sahara occidental jusqu'à Taouz attire de nombreux amateurs de fossiles et de météorites.

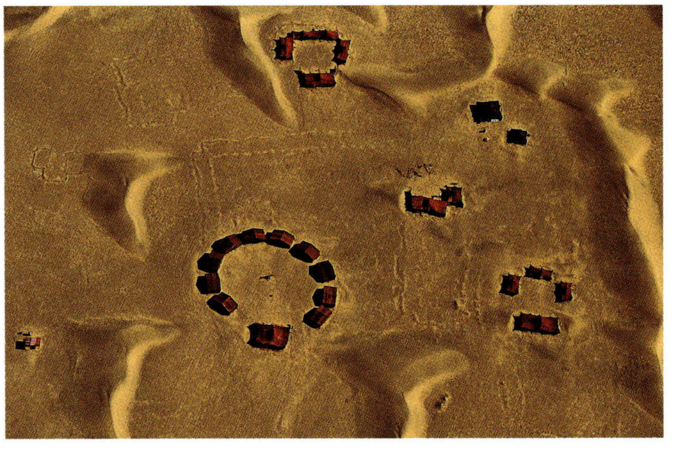

74
Au sud de Laâyoune, les zones désertiques les plus isolées ont été abandonnées par la majorité des tribus nomades.

75
À la suite d'une mauvaise gestion des ressources en eau, de nombreuses oasis ont disparu près de Laâyoune.

76-77
Le Sahara, ou le monde du vide. Si l'arrière-pays désertique de Laâyoune est l'une des régions les moins densément peuplées du pays, c'est pourtant celle où l'État investit le plus.

78
Le manque d'eau est le problème majeur des habitants du désert. Entre Laâyoune et Smara, les rares sources d'eau douce disponibles contrastent amèrement avec la vaste étendue d'eau salée de l'Océan.

79
Il ne subsiste plus aucune trace des pistes caravanières qui passaient autrefois à proximité de Laâyoune et reliaient les ports de l'Atlantique à l'Afrique noire.

80-81
Au Maroc, le Sahara n'est pas aussi vaste et spectaculaire qu'en Algérie, en Libye ou au Niger. Seuls les environs de Laâyoune offrent des paysages comparables.

LES COLONNES D'HERCULE, DE LA MÉDITERRANÉE À L'ATLANTIQUE

ENTRE CIEL ET TERRE

83
De nombreux Marocains ont installé de petites résidences saisonnières dans les environs de Melilla.

84
Le site de Plage Blanche est une bande de sable fin qui semble se dérouler à l'infini.

Le Maroc aime mettre en valeur ses montagnes aux sommets enneigés, ses plateaux désertiques ou encore ses médinas mystérieuses. Mais l'eau y est aussi très présente. Une côte interminable, d'environ 3 600 kilomètres de long, prend naissance à la grande plage de Saïdia, petite station balnéaire située à un jet de pierre de la frontière algérienne. Ici, ni cohue ni agitation : la côte méditerranéenne du Maroc se caractérise par sa tranquillité. Elle court jusqu'au charmant village d'Al Hoceima et, au-delà, le long du pays Rhomara, au milieu de petits forts portugais, de petites criques. Elle est adossée aux montagnes du Rif qui descendent en pente raide vers la mer, dessinant une longue série de caps et de péninsules que la Route nationale n° 16, assez délabrée, parvient à peine à relier les uns aux autres. Une course d'obstacles, pour ainsi dire.

C'est en fait la particularité de cette région du Nord quelque peu marginalisée, où la langue de Cervantès est mieux comprise que celle de Molière, les oliviers plus communs que les palmiers-dattiers, et où les maisons, ornées de teintes turquoise et de lapis-lazuli, évoquent Grenade, Séville et l'Andalousie. Aux grottes d'Hercule, 4 kilomètres au sud du cap Spartel et à environ 16 kilomètres de la mythique Tanger, la légende veut que le héros grec se soit reposé après son combat titanesque avec Antée, le fils de Poséidon. Il brisa la terre, séparant ainsi l'Europe et l'Afrique à l'endroit du détroit de Gibraltar. Sur chacune des deux rives, il érigea une colonne pour matérialiser la fin du monde connu. Vue du ciel, l'étroitesse du détroit de Gibraltar est frappante. Le détroit communique avec la partie la plus accessible de la Méditerranée, qui est aussi la plus chaude avec une température moyenne de 25 °C et un haut niveau de salinité.

De l'autre côté, en direction d'Asilah et de Larache, c'est l'Atlantique, agité par le phénomène de l'upwelling qui provoque la remontée des eaux froides des profondeurs quand les vents et la rotation de la Terre poussent les eaux chaudes de surface vers le large. Nous voilà soudainement confrontés à l'Océan, rude, quelquefois inhospitalier, bien que la côte, où se trouvent les plus grandes villes, soit immense. On peut en prendre la mesure face aux vagues impressionnantes, aux plages

Les colonnes d'Hercule, de la Méditerranée à l'Atlantique

interminables, aux teintes plus froides et plus sombres de l'eau. Puis c'est la réserve ornithologique de Merja Zerga, 7 000 hectares à l'embouchure de l'oued Drader, paradis des cigognes, des flamants roses et des courlis ; et Oualida, station balnéaire au charme discret offrant entre Casablanca et Essaouira ses dunes et ses plages de sable fin. La marée basse y révèle périodiquement des îlots couverts d'une végétation que les vaches broutent pendant quelques heures avant que la marée haute ne les recouvre à nouveau totalement.

Plus au sud, après Essaouira, la plage de Tafadna est encadrée par une région aride bien peu propice aux cultures. Les Berbères du Sous y récoltent cependant le curieux fruit de l'arganier dont ils extraient une huile utilisée pour fabriquer un onguent aux propriétés médicinales et anti-oxydantes, mais aussi dans la cuisine locale en raison de son léger parfum praliné.

Les dunes de Tamri ont été formées par l'érosion destructrice résultant de la force des vagues. L'Océan y déchaîne périodiquement sa colère, rompant le silence du vacarme lugubre de son reflux. Cette zone ne sera plus la même dans un futur proche car de nouveaux investissements sont prévus. Sa plage est d'ores et déjà le paradis des mordus de surf, prêts à chevaucher la crête d'une vague avant qu'elle ne s'écrase sur le rivage. Ils profitent des alizés qui soufflent particulièrement fort de mars à septembre dans cet endroit où se rencontrent l'air froid venu de l'Océan et l'air chaud venu de l'intérieur des terres. Ils multiplient les figures, espérant devenir l'un de ces sportifs légendaires immortalisés sur leur planche de surf.

À Sidi Rbat, les surfeurs s'écrasent littéralement sur le rivage, exactement comme les vagues. Selon certains, c'est là que se déroula l'histoire de Jonas et de sa baleine, là aussi que le général arabe Oqba Ben Nafi arriva en 682 et, s'élançant au grand galop de son cheval vers l'Océan, jura qu'il porterait l'islam aux quatre coins du monde. Les pêcheurs y attendent le printemps pour compenser un maigre hiver, saison difficile pour tous ceux qui doivent prendre au large ce qu'ils ne peuvent trouver à terre. Il faut compter avec les caprices de cette mer grise privée de teintes tropicales, colorée par

Les colonnes d'Hercule, de la Méditerranée à l'Atlantique

les seuls reflets rosés des flamants peuplant les lagunes des oueds Massa et Sous. Ils se disputent l'espace disponible avec les cormorans, les avocettes, les grues, les hérons gris et le très rare ibis chauve *Geronticus eremita*. Avec sa tête déplumée, son manteau sombre et son apparence plutôt repoussante, cet oiseau est très recherché par les ornithologues présents dès les premières lueurs de l'aube pour les photographier.

Nous mettons de nouveau le cap au sud, comme aimantés par les régions les plus retirées et les plus isolées du pays, oubliant combien il est long de franchir le mont Tiznit en voiture pour atteindre les villes de Guelmim et Tan-Tan, par une route qui semble souvent se perdre dans des portions de désert, puis devient ailleurs une route de corniche ou une route côtière qui contourne d'interminables plages blanches et ocre. Tout comme les routes qui mènent aux gigantesques arches naturelles taillées par l'eau et le vent dans la roche rouge de Legzira, près de Sidi Ifni. Ou bien encore celles qui font le tour de la lagune de Khnifiss dans la région de Tarfaya.

Ce petit port de pêche fut autrefois une étape de l'Aéropostale où s'illustra Antoine de Saint-Exupéry, qui utilisa son brevet de pilote pour devenir un aventurier du ciel en parcourant les premières routes aériennes transcontinentales. Tarfaya fut aussi le point de départ en novembre 1975 de ce que l'on a appelé la Marche verte, initiée par le roi Hassan II pour reprendre possession des provinces sahariennes et imposer la souveraineté du Maroc sur le territoire que les Espagnols nommaient autrefois le Río de Oro. S'y succèdent aujourd'hui campements d'éleveurs nomades et villes entourées de murs pour se protéger des tempêtes de sable. Et puis il y a aussi d'anciennes casernes de la Légion étrangère qui ont été reconverties en habitations pour les milliers de nomades sahraouis devenus sédentaires. Dans le désert, on doit toujours apprendre à s'adapter : par opportunisme parfois, par nécessité le plus souvent.

88-89
À l'est du pays, la côte méditerranéenne du Maroc se termine par la frontière avec l'Algérie.

90-91
Un paysage typique de la côte du Rif, près de l'embouchure de la Moulouya, où les dunes de sable font face à une mer aux couleurs remarquables.

93
La plupart des plans d'eau de la région sont artificiels. Ils ont été creusés pour contribuer au développement agricole de la basse vallée de la Moulouya.

94
Melilla est la plus importante des enclaves espagnoles en terre africaine. Dans cette région, la côte du Rif est une succession de caps et de promontoires rocheux.

95
La route goudronnée reliant Nador à Melilla traverse une frontière qui a souvent été source de tensions entre le Maroc et l'Espagne.

97
Bien que la région de Nador dispose de plages exceptionnelles, le tourisme y est encore peu développé.

98
Rares sont les routes praticables qui permettent de traverser le Rif en direction de la côte méditerranéenne.

99
Les splendides plages de Kariat-Arkmane et du cap des Trois-Fourches se situent dans la partie la plus isolée de la côte du Rif.

100-101
Cet impressionnant ruban d'asphalte dans le paysage est celui déroulé par la route qui file vers le Cabo Negro (aussi appelé Ras Tarf), près de Tétouan.

102
La pointe des Pêcheurs forme une grosse bosse dont on peut, contre quelques dirhams, faire le tour en bateau.

103
Les vallées qui découpent le Rif débouchent sur de longues plages baignées par une eau turquoise.

104
Contrastant avec les plages de sable fin d'Al Hoceima et de Saïdia, le massif du Rif s'affaisse abruptement dans la mer au niveau de la côte du pays Rhomara.

105
À l'ouest d'El-Jebha, la côte du pays Rhomara borde le territoire des fameux chefs berbères. L'un d'eux, Abd el-Krim, s'illustra à la tête de la guerre du Rif qui l'opposa aux troupes françaises et espagnoles dans les années 1920.

106-107
Une impressionnante falaise se dresse face à la mer à la pointe des Pêcheurs, sorte de cap Horn méditerranéen.

108-109
Escarpement rocheux aride et blanchi par le soleil, la pointe des Pêcheurs semble se jeter volontairement dans la mer. Elle doit son nom aux petits villages de pêcheurs qui, aujourd'hui encore, vivent des eaux poissonneuses de cette partie du Maroc.

110 et 111
Ce paysage aride est tout à fait typique de la région qui fait face aux côtes espagnoles.

112
Dans les années 1980 et 1990, les plages du Sud de Tétouan étaient très appréciées. Mais les touristes semblent désormais privilégier la région de Saïdia, plus à l'est.

113
Une impressionnante végétation prête ses teintes vertes à la côte qui va du cap Malabata à Ceuta.

114
Une longue bande d'asphalte longe la côte méditerranéenne en direction de Tanger. Selon la légende, l'île où vivait la nymphe Calypso dont parle Homère dans son *Odyssée* se situait dans cette région.

115, à gauche
De nombreuses petites villes s'éparpillent sur la côte marocaine du détroit de Gibraltar.

115, à droite
La pêche reste l'activité principale des habitants de la côte située à l'est du cap Malabata, sur le détroit de Gibraltar.

116, à gauche
Nouvelles implantations urbaines près de Tanger. La ville connaît un regain d'activité après plusieurs années de déclin.

116, à droite
La portion finale de la route venant de Ceuta et de Tétouan constitue la porte d'entrée principale de la ville de Tanger.

117
Les dernières plages de sable fin au bord de la Méditerranée : Tanger est à deux pas de là, comme l'Atlantique.

118-119
En direction d'Asilah, la côte atlantique apparaît moins accidentée et aride que celle du Rif.

120
La région d'Asilah est traversée par des torrents et des rivières prenant leur source à l'ouest de la chaîne du Rif.

121
Cultures irriguées et vergers témoignent de l'importance de l'agriculture dans l'économie de la région atlantique.

122-123
En direction de Larache, la monotonie des longues étendues de sable qui bordent la côte atlantique est rompue par des promontoires et des formations rocheuses.

124
À quelques kilomètres de Larache, sur la côte atlantique, les lagunes de Merja Zerga et de Moulay-Bousselham sont un des lieux de prédilection des ornithologues et de tous les amoureux des oiseaux.

126-127
C'est à marée basse que la lagune jouxtant Oualidia révèle ses trésors : de longues bandes de sable blanc léchées par une mer turquoise.

128
L'économie de la région d'Oualidia repose sur les revenus irréguliers de l'agriculture et de l'ostréiculture.

129
Au sud d'El-Jadida, la côte sableuse contraste avec les rectangles de terrain occupés par les cultures maraîchères.

130
Les rivières et les torrents qui se jettent dans la mer forment des lagunes circulaires dont la couleur va du bleu marine au turquoise.

131
En été, les plages des environs d'Oualidia sont très fréquentées : le nombre de résidents passe de 10 000 à 30 000. En basse saison, la côte redevient quasi déserte.

132
Un réseau dense de champs cultivés constitue la toile de fond de la côte sud d'Oualidia.

133
La lagune d'Oualidia rappelle étrangement la Camargue.

134
Les rêves de développement touristique de la côte entre Essaouira et Agadir n'ont malheureusement pas été réalisés : la plupart des sites sont restés en friche et les plages semblent désertes.

136
Les surfeurs plébiscitent la partie centrale de la côte marocaine, notamment au sud d'Essaouira.

137
Le vent et les marées ont modelé le paysage de la baie d'Agadir.

138
Les plages qui bordent l'Océan autour d'Agadir sont splendides mais les courants y sont forts.

139
Les grandes dunes de la région d'Agadir sont exposées à l'érosion due à l'action de l'Atlantique.

140-141
Au sud d'Essaouira, la côte atlantique est une succession continuelle de falaises calcaires et de plages de sable.

142
Au nord d'Agadir, le littoral est, à proximité du Rocher du Diable, truffé de promontoires rocheux.

143
De petits hameaux sont éparpillés le long de la côte. La région d'Agadir annonce l'aridité du Grand Sud.

144
Le *taros*, ce vent violent qui souffle de fin mars à début septembre autour d'Essaouira et du cap Sim, freine l'installation de villes importantes.

145
Des milliers d'oiseaux migrateurs viennent nicher dans les cavités des falaises situées à proximité des plages de Tafadna, et au sein de la réserve ornithologique d'Imzi.

146
À Agadir, les infrastructures hôtelières et les résidences saisonnières ont permis le développement du tourisme lié à la mer.

147
Une des splendides petites criques dont regorge le littoral du Sous.

148
Au nord d'Agadir, la côte est découpée de minuscules criques qui accueillent de petits villages de pêcheurs.

149
Dans les environs d'Agadir, le littoral atlantique du Maroc donne à voir de grandes falaises plongeant directement dans une mer agitée. De tels paysages rappellent ceux d'Europe du Nord.

150
La côte atlantique dans le Sud du Maroc est constamment battue par des vents violents.

151, à gauche
L'arrière-pays d'Agadir a été touché, en certains endroits, par l'exode rural.

151, à droite
La route nationale relie la plus grande partie du Sud marocain aux grandes villes du Nord.

152
Les couleurs flamboyantes typiques de la région prédésertique de Sidi Ifni ravissent les voyageurs.

153
D'anciens ouvrages militaires français et des villages abandonnés sont disséminés entre Tiznit et Sidi Ifni.

154-155
Les grandes plages qui entourent Sidi Ifni constituent un vrai paradis pour les mordus de surf.

156-157
Autrefois, la frontière entre les protectorats français et espagnol était matérialisée par le Drâa.

159
Plage Blanche s'étire sur environ 60 km le long de la côte nord de Tarfaya. Ce site naturel exceptionnel dessine une ceinture de sable ininterrompue où seul un hôtel et quelques cabanes de pêcheurs témoignent d'une discrète présence humaine.

160
Le paradisiaque site de Plage Blanche est adossé à un arrière-pays rocheux et désertique.

161
Le célèbre cap Drâa tire son nom du long fleuve qui prend sa source dans le Haut Atlas, bien que la majeure partie de l'eau se perde dans le désert avant d'atteindre la mer.

163
L'immense route nationale court du Nord du Maroc à Laâyoune. Un dernier tronçon conduit à la Mauritanie.

CITÉS IMPÉRIALES, CITÉS DES CONTEURS

Entre ciel et terre

165
Al Hoceima (à gauche) et Essaouira (à droite) sont riches d'un important héritage historique et artistique.

166
La vieille ville d'Asilah évoque les splendeurs de l'ancien port carthaginois.

Pour profiter des sublimes panoramas qu'offre le Maroc, rien de tel qu'organiser une excursion vers les hauteurs de l'Atlas ou aller bivouaquer dans le désert. Mais pour véritablement comprendre le Maroc, il faut privilégier les endroits bondés que sont les villes. Elles sont comme des livres que l'on feuillette et interprète : les places en sont alors les pages, les ruelles les lettres majuscules, et les maisons les mots.

Fès est un bon exemple, avec des rues si étroites qu'il est à peine possible d'y circuler. Certes quelques-uns de ses monuments sont très délabrés, mais des fonds de restauration ont été alloués par la Banque mondiale et l'Unesco. Les sultans mérinides firent de Fès leur capitale en la couvrant de palais princiers, de médersas, de jardins et de fontaines comme s'ils voulaient recréer ici l'Andalousie tant aimée. Pour apprécier cette cité, l'idéal serait de s'attarder auprès de ces fameuses fontaines revêtues de carreaux de céramique polychrome, de prendre pension dans un *fondouk* ou un ancien caravansérail reconverti en hôtel, sans oublier de la contempler du haut d'un minaret. Il faut pénétrer dans la médina par une porte puis en ressortir à l'opposé, car c'est dans le dédale de ses rues que se comprend l'esprit de cette ville dont l'architecture est façonnée par le dialogue entre cercle et carré, colonnes et voûtes, ciel et terre. Cette organisation urbaine est l'illustration rigoureuse du respect des hiérarchies politiques et économiques.

Le temps passe à toute vitesse. Voici déjà Tétouan et sa médina, labyrinthe de ruelles sinueuses où règne une ambiance très méditerranéenne. Voici Meknès, dont Moulay Ismaïl, le deuxième sultan de la dynastie alaouite, fit le cœur du royaume chérifien, l'érigeant en cité impériale au détriment de ses rivales directes, Marrakech et Fès.

Voici enfin Rabat, la capitale du Maroc. Un projet grandiose de ville nouvelle veut la transformer en métropole dynamique mais elle continue pourtant à s'inspirer du décor d'opérette de la vieille ville, ancienne citadelle fortifiée. Elle fut au XVIIe siècle une république de pirates plus soucieux d'organiser leurs raids que de bon goût et de sagesse.

Cités impériales, cités des conteurs

Essaouira contemple elle aussi l'Océan à travers ses solides remparts, telle une Saint-Malo transplantée en Afrique, battue par le vent violent, continuel, censé apporter de bonnes pensées et chasser les mauvaises. Chaque été, la ville reprend vie avec l'équivalent d'un Woodstock des musiques du monde initié par les maîtres musiciens *gnaoua*. L'ancienne Mogador devient ainsi un nouveau Puerto Escondido pour des milliers d'Occidentaux en quête d'air frais et de réponses à leur désarroi existentiel.

Il faut d'ailleurs respirer profondément avant de se lancer à l'assaut de la tentaculaire Casablanca, locomotive et vitrine du Maroc. La ville développe une architecture surréaliste, avec ses bâtiments néo-mauresques côtoyant des immeubles Arts déco, ses quartiers populaires sans charme, ses villas élégantes du quartier résidentiel d'Anfa, et ses tours, comme celles du Twin Center conçues par l'architecte catalan Ricardo Bofill. On se promène sur le front de mer bordé de cafés à la mode, de petits restaurants à l'ambiance méditerranéenne, et débouchant sur la gigantesque mosquée Hassan II, bâtie sur une langue de terre conquise sur la mer. C'est la plus grande mosquée du monde après celle de La Mecque. Son minaret haut de 210 mètres émet un rayon laser visible à 30 kilomètres.

Puis vient Tanger la blanche, perchée à la pointe de l'Afrique, un pied dans l'Atlantique, l'autre dans la Méditerranée. Carrefour cosmopolite et tourmenté, les Anciens considéraient Tanger comme le bout du monde et les rêveurs modernes en ont fait un lieu mythique d'inspiration et de perdition : une ville confrontée à mille problèmes, mais aujourd'hui pleine de promesses. Car Tanger veut briller demain autant et même plus qu'hier. De colossaux investissements ont d'ailleurs été consentis pour en faire le plus grand et le plus international des ports marocains.

L'épilogue se déroule à Marrakech, et il surpasse le prologue. Ici se joue, jour après jour, une remarquable comédie humaine, dans un espace ouvert sur la médina que les conteurs essaient de préserver malgré la concurrence et l'attraction toujours plus forte exercée par les salles de cinéma.

Cités impériales, cités des conteurs

Un lumineux coucher de soleil enflamme la place Jemâa el-Fna, esplanade aux limites floues où semblent régner le chaos et l'anarchie, mais régie en réalité par tout un ensemble de règles, de tabous et de coutumes. C'est un vaste carrefour sans plan précis, une zone de passage où l'on prend la parole et où l'on s'écoute, où le singulier devient pluriel. Les différents moments de la journée y correspondent à une fonction précise : le matin on traverse la place, l'après-midi on s'y promène. Deux ou trois heures suffisent pour que tout change, les couleurs, le spectacle et l'état d'esprit. La nuit venue, on s'attarde pour discuter de cette cité impériale qui est aussi un conglomérat de richesse et de misère. Car ici se côtoient la misère et le luxe, les maisons surpeuplées et les somptueux *riads* ou les vastes palais au décor hispano-mauresque, habités des VIP et de riches étrangers.

Marrakech est surtout une incroyable succession d'images pittoresques. Il y a le cercle des conteurs, la *halka*, à la composition géométrique dont l'origine serait liée aux cycles du soufisme ou au tournoiement de ses danseurs mystiques, les derviches. Il y a les murs des maisons recouverts de *tadelakt*, cet enduit de chaux coloré à l'aide de pigments d'origine végétale qui les fait paraître aussi lisses et brillants que le marbre. Enfin, il y a les incontournables marchés qui font le bonheur des sens avec leurs étalages d'épices et d'étoffes aux couleurs chatoyantes, et où règne une joyeuse agitation.

Insensée et chaotique, tout à la fois simple et authentique, Marrakech représente la quintessence et la métaphore des villes marocaines, qui ressemblent ainsi aux cercles de *L'Enfer* de Dante, mais n'en sont pas moins agréables et profondément humaines.

Saïdia

170-171
Située à la frontière avec l'Algérie, Saïdia donne sur la Méditerranée, à proximité de l'embouchure de la Moulaya. La rivière se jette dans la mer au milieu des lagunes et des marécages.

172
Ville importante du Nord du Maroc, Nador offre de multiples exemples d'une culture andalouse et néo-mauresque. De nombreuses plaques de rues sont libellées en arabe et en espagnol.

173
Nador est bâtie selon un plan orthogonal. C'est une ville très industrialisée qui doit sa fortune à la proximité de Melilla, une des enclaves espagnoles en terre africaine.

175
Le nom d'Al Hoceima viendrait de l'arabe *Al Khozama*, « lavande », et ferait référence à la couleur violet bleuté que la ville prend au coucher du soleil.

Al Hoceima

176
Le souk d'Al Hoceima porte encore les stigmates du tremblement de terre qui a secoué le Rif en février 2004, mais il reste l'endroit le plus exotique et le plus animé de la ville.

177
Al Hoceima se flatte de posséder deux splendides plages de sable doré et une succession de petites criques souvent désertes, même en haute saison. Une situation qui ne saurait durer éternellement.

178
Massive et harmonieuse, Al Hoceima est perchée sur une falaise en forme de fer à cheval qui surplombe la plage de Quemado.

Tanger

180-181
Carrefour entre Afrique et Europe, Méditerranée et Atlantique, Tanger fascine par sa réputation de ville mystérieuse et romantique. Elle fut longtemps un repaire d'espions, d'aventuriers et de réfugiés.

182-183
La plus européenne des villes du Maroc est aussi la plus cosmopolite et la plus insolite. Dans les années 1950, l'écrivain américain William Burroughs, avec d'autres représentants de la Beat generation, décrivit l'ambiance agitée et angoissante de Tanger.

184
L'extraordinaire baie de Tanger a séduit de nombreux artistes. Henri Matisse, qui se serait exclamé : « Le paradis existe ! », a représenté la ville dans une de ses plus célèbres aquarelles.

185, à gauche
Délaissée pendant de nombreuses années, Tanger est aujourd'hui le siège de colossaux investissements économiques. Dans quelques années, l'ambitieux projet Tanger-Méditerranée sera achevé, donnant naissance à l'un des ports internationaux les plus importants de la Méditerranée.

185, à droite
Hôtels et immeubles modernes bordent la baie. Pour le moment quelque peu négligé et sous-équipé, le front de mer est appelé à devenir la vitrine de Tanger.

186 et 187
Asilah a récemment retrouvé sa splendeur d'antan. Sa médina est l'une des mieux préservées de tout le Maroc.

188-189
Pêche et navigation de plaisance : Asilah souhaite améliorer sa situation économique en mettant à profit les ressources du littoral.

190
Une succession de tours et de bastions, construits au XVIe siècle par l'architecte militaire portugais Botacca, entoure la médina d'Asilah.

191
Des places qui ressemblent à des arènes, des maisons blanches aux volets bleus ou gris, des balcons en fer forgé... Les rues d'Asilah sont empreintes d'une certaine nostalgie et l'architecture porte ici les traces évidentes des influences portugaise et andalouse.

192
Rafraîchie par l'Océan, Moulay-Bousselham s'anime seulement au cœur de l'été, et affirme sa personnalité de petite ville de province, les pieds plongés dans la lagune de Merja Zerga et dans l'Atlantique.

193, à gauche
La lagune est une ressource majeure pour l'économie locale. La vie quotidienne à Moulay-Bousselham est rythmée par les allées et venues des bateaux entre les eaux sombres du large et la baie.

193, à droite
Chaque année au mois de juillet, des milliers de pèlerins prennent d'assaut la mosquée et la tombe de Moulay Bousselham, le saint patron de la ville mort au xe siècle.

194
Le Bou Regreg se situe au milieu et de chaque côté de Rabat et de Salé, deux villes qui ont toujours été à des années-lumière l'une de l'autre. La première est la capitale choyée et un peu prétentieuse du Maroc, quand la seconde est une ville plus laborieuse, artisanale et populaire.

Rabat

196 et 197
L'esplanade qui sépare la tour Hassan, le mausolée de Mohammed V et la mosquée ouvre sur une cour intérieure encadrée d'arches. C'est l'ensemble monumental le plus important de Rabat.

198
Du sommet de son enceinte en pisé datant du XIIe siècle, Rabat surveille l'embouchure du Bou Regreg, point de départ des raids de pirates qui ont terrorisé les côtes de la Méditerranée jusqu'au début du XIXe siècle.

Casablanca

200
Avec une population de trois millions d'habitants, Casablanca est la plus grande ville du pays, et la seule véritable métropole marocaine.

201
L'immense mosquée Hassan II peut accueillir plus de 20 000 fidèles. Elle domine la corniche de Casablanca de son minaret haut de 210 m.

202
Le port de Casablanca, un des plus modernes et des plus actifs d'Afrique, est depuis toujours à l'origine de la richesse commerciale de la ville.

203
La mosquée Hassan II a été construite dans les années 1990 en l'honneur de l'ancien roi du Maroc. C'est la deuxième plus grande mosquée du monde, après celle de La Mecque.

205

Les quelques ruines romaines contrastent fortement avec la modernité de la capitale économique du Maroc. Casablanca ne peut rivaliser avec le riche héritage artistique et historique des autres villes marocaines. C'est une métropole résolument moderne où les quartiers à l'architecture de type occidental côtoient une périphérie aux immeubles délabrés.

206 et 207
Les résidences touristiques se multiplient autour de Casablanca, à proximité de plages de sable doré littéralement prises d'assaut neuf mois par an.

209

Le pavage extérieur de la mosquée Hassan II est réalisé à partir de plusieurs sortes de marbre assemblées selon un motif géométrique typique de l'art islamique. Plus de 60 000 personnes peuvent se tenir sur cette place, et l'intérieur de l'édifice peut en accueillir 20 000 pour les offices religieux. La mosquée a été achevée en 1993.

210
Ceinte de remparts massifs, El-Jadida la Portugaise, comme on la surnomme, est l'une des cités les plus photogéniques de la côte atlantique.

211
Autrefois connue sous le nom portugais de Mazagan, El-Jadida a été reconstruite et modernisée dans la première moitié du XIXe siècle. Elle est inscrite sur la liste du patrimoine mondial de l'Unesco.

Safi

212, à gauche
Située au bout d'une superbe route côtière, Safi possède un port important tourné vers la pêche industrielle et l'exportation des phosphates.

212, à droite
Des plages en forme de croissant font la réputation d'Oualidia, une ville très appréciée par la classe moyenne marocaine.

213
Le « château de mer » de Safi, petite forteresse élevée face à l'Océan, s'ouvre au nord par une entrée surmontée d'emblèmes portugais. C'était, au XVIe siècle, la résidence du gouverneur.

215

Fondée par les Carthaginois, Essaouira s'enorgueillit d'un passé commercial qui fit de son port une étape majeure sur la route du golfe de Guinée. La ville connut son apogée au XIXe siècle, lorsque les marchandises apportées par les caravanes y étaient chargées sur les bateaux. Dans l'ombre de Casablanca, Essaouira n'est plus aujourd'hui qu'un pittoresque port de pêche doté d'une marina.

Essaouira

216 et 217
Au début des années 1970, des milliers de hippies crurent avoir trouvé l'endroit où réaliser leurs rêves en voyant le port de pêche d'Essaouira.

219

Le nouveau visage d'Agadir s'est construit ces quarante dernières années, remplaçant la vieille ville, fondée par les Portugais au XVIe siècle et détruite en 1960 par deux violents tremblements de terre. Parmi ses atouts, Agadir compte un port de pêche actif et de grandes plages de sable fin.

Agadir

220
Principal centre économique des provinces sahariennes, Laâyoune connaît un développement rapide grâce notamment aux importants gisements de phosphates situés dans ses environs.

221
Une des places autour desquelles se développe la zone commerciale de Laâyoune. Les rues y sont rectilignes, les maisons basses et généralement pourvues de toits en dôme.

Laâyoune

MAROC ENTRE CIEL ET TERRE

222
Laâyoune s'est développée à l'embouchure du Saguia al Hamra et constitue un lien d'échanges privilégié avec les nomades sahraouis qui vivent dans cette région.

Oujda

224, à gauche
Avec son grand marché, Oujda est une ville commerçante animée. Elle gère les marchandises venues du Rif, du Moyen Atlas et de la région désertique de Figuig.

224, à droite
Avec leurs vastes places et leurs rues dégagées, les nouveaux quartiers d'Oujda se sont tellement développés qu'ils menacent la médina, tant en termes d'espace que d'importance.

225
Oujda est la capitale de la région nord-est du Maroc et une étape obligée sur la route et la ligne de chemin de fer qui relient Casablanca à Alger.

226
Zone de transit sur les principales routes et lignes de chemin de fer qui relient Fès et Oujda, Taourirt accueille de nombreux migrants venus des régions rurales proches.

227
Taourirt, au nord-est du Maroc, est une des villes majeures de la « trouée de Taza » qui relie le Maroc à l'Algérie.

Taourirt

228
Au carrefour du nord et du centre du Maroc, Ouazzane est entourée de collines qui s'étendent jusqu'à la région montagneuse du Jebala.

229
Porte d'entrée naturelle vers l'est du Maroc, Taza fut un bastion militaire important à l'époque des Almohades.

Capitale culturelle et gastronomique, Fès est la plus ancienne des quatre cités impériales et la troisième ville du Maroc. La vieille ville est riche en monuments historiques, marchés et mosquées qui ont fait de Fès l'un des endroits les plus fascinants du monde islamique.

Fès

232 et 233
L'énigmatique et troublante médina est un dédale de ruelles étroites et de cours. Selon la légende, l'ancienne capitale des sultans mérinides se trouverait exactement à la verticale du paradis.

234-235
Fès comporte trois parties bien distinctes : Fès-el-Bali correspond à la médina ; Fès-Jdid est la cité impériale proprement dite ; la ville nouvelle, édifiée sous le protectorat français, s'étend plus au sud.

236-237
Plusieurs cimetières entourent les remparts de Fès. Nombreuses sont les tombes qui datent de la dynastie mérinide.

238-239
Ville sainte de l'islam, ancienne capitale des sultans marocains et pôle universitaire, Fès a progressivement perdu son importance. Sous le protectorat français, de nouveaux quartiers de type occidental furent bâtis .

240

Sous le règne de Moulay Ismaïl, de la fin du XVIIe siècle au début du XVIIIe, Meknès connut son âge d'or et devint la capitale du royaume. De cette époque date la construction des plus beaux quartiers et des remparts de la ville, qui compte aujourd'hui plus de 500 000 habitants.

Meknès

Mrirt

242
Mrirt est une ville importante située à environ 13 km de Khénifra.

243
La ville de Mrirt est bâtie à plus de 1 000 m au-dessus du niveau de la mer, sur un vaste plateau du Moyen Atlas. Elle doit en partie son développement aux mines du djebel Aouam.

Khénifra

244-245
Située sur la route qui relie Fès à Marrakech, Khénifra fait partie intégrante de l'histoire du Maroc : elle est l'une des villes où la résistance à la domination française fut la plus acharnée.

246

Située aux portes du désert, Tamelelt est une charmante petite ville. Ses rues étroites, ses maisons basses aux toits en terrasse, ses cours et ses jardins ombragés dégagent une atmosphère typiquement arabe. C'est à Tamelelt que les rebelles marocains affrontèrent les troupes françaises en 1907.

Tamelelt

248
Marrakech est une grande ville dans la plus pure tradition islamique. De nombreux minarets émergent au-dessus des toits, le plus célèbre étant celui de la mosquée de la Koutoubia, édifiée au XIIe siècle.

249
Métropole de près d'un million d'habitants et dotée d'un aéroport international, Marrakech est considérée comme la porte du Sahara marocain.

250
Les jardins de la Ménara sont un des symboles de Marrakech. Le pavillon et l'oliveraie dessinent une zone de verdure aux teintes chaudes dans cette ville ouvrant sur le désert.

251
Aux abords de ses vastes quartiers résidentiels, Marrakech offre un panorama enchanteur sur le verger de l'Aguedal et les jardins de la Ménara, sites calmes et ombragés.

252
Jemâa el-Fna (en haut) est la place autour de laquelle s'est développée la vieille ville, et le cœur de Marrakech.

253
Marrakech, ancienne capitale, fut redécouverte par les Européens, séduits par ses attraits et sa population enjouée. Mais la ville a su préserver son caractère arabe, perceptible en particulier dans les souks et dans les parties haute et basse de la médina.

255
Deuxième ville du Maroc, Marrakech est un haut lieu de la culture arabe. Mais pas seulement. Au fil des années, elle a acquis, avec ses nouveaux quartiers aux larges avenues, un aspect moderne et parfois même européen.

256 et 257
Tinerhir est une ville ocre rouge dominée par les ruines d'une forteresse et fermée au nord par les gorges du Todra.

258-259
Bâtie autour d'un éperon rocheux qui se dresse au-dessus d'une vaste palmeraie, Tinerhir marque la frontière entre les « mille *kasbahs* » de la vallée du Dadès et la région désertique du Tafilalt.

Tinerhir

261
Au cœur de la Vallée des Merveilles, le *ksar* d'Aït-Benhaddou était autrefois une étape importante pour les caravanes parties de Marrakech et s'enfonçant dans le désert. Les fortifications, qui ont servi de décor pour quelques films célèbres (de *Lawrence d'Arabie* à *Alexandre*), sont aujourd'hui laissées à l'abandon. Elles ont été inscrites par l'Unesco au patrimoine mondial de l'humanité.

Aït-Benhaddou

262
À 120 km environ au sud de Marrakech, Ouarzazate est la véritable porte du Grand Sud, à l'intersection du désert et du Haut Atlas.

263
Le centre de Ouarzazate est dominé par la *kasbah* de Taourirt, qui était autrefois la résidence d'été du pacha de Marrakech et le cœur d'un village berbère avant que soit construite la nouvelle ville.

264
À une heure de route d'Agadir, Taroudant est une charmante petite ville nichée au pied du Haut Atlas, à l'abri de hautes murailles.

265
Taroudant est considérée à la fois comme une ville et comme une oasis en raison des jardins plantés d'orangers et de grenadiers qu'enserrent ses magnifiques cours arabes.

266 et 267
Située dans la vallée du Drâa, Zagora est la dernière ville digne de ce nom avant les champs de dunes du désert. La route goudronnée y prend fin, remplacée 30 km plus loin par des pistes difficilement praticables.

Zagora

L'ÉLOGE DE LA DIVERSITÉ ET DU DÉSORDRE

ENTRE CIEL ET TERRE

269
De la province de Marrakech (à gauche) à Ouarzazate (à droite), toutes les couleurs de l'arc-en-ciel sont réunies.

270
Le barrage de l'oued el-Makhazine alimente en eau et en énergie le Nord du Maroc.

« Allah a donné à l'homme la terre et l'eau pour vivre, il lui a donné le désert comme cadeau pour qu'il y trouve son âme. » Une maxime pleine de sagesse, comme tous les proverbes berbères. Dans cette partie de l'Afrique où rien n'est uniforme, les contraires cohabitent : aridité et fertilité, oasis et désert, plaines et montagnes, torrents asséchés et inondations... Effectivement, certaines rivières, à l'image de leurs sœurs amazoniennes, enflent parfois démesurément.

De tels paysages méritent d'être vus et admirés. Désormais, grâce à de bons appareils et d'excellents professionnels, nous pouvons diviser et recomposer à l'envi les paysages grâce à la magie de la photographie aérienne. Ainsi, le tout devient la somme de ses détails. Cette démarche convient particulièrement bien au Maroc qui a le don rare de la synthèse. Ici se côtoient un littoral immense, quatre massifs montagneux, des plaines fertiles et des vallées. Ce sont tantôt de simples cicatrices dans le paysage, tantôt de véritables petits édens. Et puis il y a le désert : parfois vaste et profonde étendue de sable, il prend ailleurs la forme de canyons impressionnants, de plateaux arides, de paysages lunaires très éloignés du décor classique de dunes sahariennes. C'est un véritable éloge de la diversité et du désordre à lui tout seul.

Ce chaos, au sens géographique du terme, contraste avec la monotonie et l'uniformité des autres régions prédésertiques d'Afrique du Nord et fait ainsi du Maroc, l'un des pays méditerranéens les plus riches en biodiversité. Et riche de décors si inattendus que l'imagination s'enflamme. Ici, les populations ont donné des noms d'êtres vivants aux cailloux, aux montagnes et aux vallées. Certains rochers rappellent étrangement d'immenses reptiles, des sommets évoquent des amphibiens et des falaises prennent la forme d'une bosse ou d'une tête de dromadaire. Des paraboles sont d'ailleurs souvent utilisées pour

L'éloge de la diversité et du désordre

expliquer la géographie et les noms des lieux. Ainsi, on pourra entendre dire qu'au Maroc, il est possible de se parler d'une montagne à l'autre, mais que l'on doit faire une demi-journée de marche pour se rencontrer et se serrer la main.

Dans ces régions montagneuses, tout pousse à prendre de la hauteur. Plus qu'un choix, c'est un automatisme. À haute altitude, l'oxygène se fait plus rare mais de bien meilleure qualité : l'air est tonique et la lumière n'est pas gâchée par la pollution. Au ve siècle avant J.-C., alors qu'il travaillait sur les limites du monde connu, Hérodote mentionnait des montagnes si hautes que les sommets en étaient invisibles : il s'agissait de la chaîne de l'Atlas, et précisément du Maroc qui va de la Méditerranée à l'Atlantique dans une interminable succession et juxtaposition de paysages.

Au nord, entre le détroit de Gibraltar et la frontière algérienne, le Rif est une série de montagnes complexes et arides, couvertes de cèdres et de chênes. Puis vient le Moyen Atlas, ensemble de chaînes et de plateaux qui sépare le pays entre deux *mesetas*, constellé d'élévations coniques et de collines évoquant des tasses à thé retournées. C'est une zone périodiquement fréquentée par des éleveurs semi-nomades pour sa végétation. Le Haut Atlas n'est pas loin, massif et imposant, niche écologique qui accueille les communautés berbères les plus importantes et parmi les plus intéressantes du monde. La région donne ainsi un avant-goût prometteur de l'Anti-Atlas, véritable Eldorado des randonneurs et des alpinistes.

Ces zones splendides forcent l'admiration de celui qui les découvre. Cet austère monde minéral qui descend vers le désert est habité par une faune et une flore étonnantes, et par des populations qui, pour survivre, se sont adaptées à l'environnement. Il est aussi riche d'un passé historique dont témoignent les nombreuses grottes couvertes de gravures pariétales et les constructions d'argile, sortes de sentinelles, qui

L'éloge de la diversité et du désordre

surgissent de temps à autre, matérialisant des forteresses défensives contre des ennemis potentiels, ou bien des carrefours sur les routes du commerce des épices et autres denrées exotiques.

Le voyage vers le Grand Sud est instructif. La région semble être une sorte de « bout du monde » avec des particularités nord-africaines et les mêmes éléments extrêmes que dans la Pampa argentine : espace infini, présence humaine en baisse, vent qui balaie tout sur son passage et dépose sable et poussière dans son sillage. Face à l'Atlantique, Laâyoune est une ville loin de tout mais en même temps représentative du boum économique que connaît le nouveau Maroc. Cette petite capitale régionale d'une zone riche en phosphates est le dernier arrêt pour ceux qui s'aventurent le long de la côte qui, 500 kilomètres plus loin, arrive en Mauritanie. Elle annonce l'Afrique noire et ouvre sur les pistes qui permettent d'atteindre la mythique Dakar.

Le long périple parcouru mérite bien une récompense. Et la région de Dakhla en constitue une pour ses visiteurs, comme un prix gagné à force de curiosité, de ténacité et d'endurance. Sa réserve naturelle et son littoral préservés de la pollution sont le refuge de la dernière grosse colonie de phoques moines de la planète. Sur ce territoire où les peuples ont autrefois livré de fréquents combats pour imposer leur souveraineté, la nature a aujourd'hui repris ses droits.

274
La région vallonnée de Ouazzane est une zone de transition entre le pays Jebala, plus aride, et la plaine, qui s'étire jusqu'à l'Océan.

275
De petits hameaux isolés parsèment un paysage profondément rural. La région de Ouazzane est elle aussi typique du massif du Rif.

276
Le Nord du Moyen Atlas est occupé par un couloir géologique appelé « trouée de Taza ».

277, à gauche et à droite
Dans les environs de Taza, la végétation est typiquement méditerranéenne. Ici poussent le cèdre et le chêne vert, mais aussi, dans le parc national du Tazzeka, des amandiers et des cerisiers.

278
La rareté de l'eau entraîne le tarissement des rares rivières du Rif et du Moyen Atlas. Elles ne reprennent vie que lors des pluies torrentielles qui les font grossir et sortir de leurs lits.

279
Le long de la route de Taza à Oujda, le paysage devient de plus en plus aride, et prend l'apparence typique des régions de l'est du Maroc.

280

Le sol marneux des environs du barrage de l'oued el-Makhazine est constitué d'un mélange de calcaire et d'argile. Il est souvent recouvert d'une végétation spontanée.

281

Le barrage de l'oued el-Makhazine se trouve au cœur de la région de Larache, dans le nord-ouest du Maroc, que traversent de nombreux torrents venus du pays Jebala.

282
Aux environs de Fès, les cours d'eau venus du Moyen Atlas dessinent des ravines et des méandres.

283
La campagne vallonnée de Fès s'étend sur des kilomètres. Cultures et végétation sauvage se succèdent dans le paysage.

284
Dans la région de Fès, les terres cultivées sont délimitées par des rangées d'arbres alignées de façon géométrique.

285
La région de Fès peut se vanter de posséder quelques-unes des plus belles plantations d'agrumes du Maroc. Elles complètent les cultures traditionnelles, de céréales notamment.

286
Les champs de la vallée du Sebou, près de Fès, dessinent des motifs géométriques dans le paysage. L'agriculture reste ici la principale activité économique.

288
L'imposant réservoir du barrage Idriss Ier forme un fossé entre la route qui, depuis Fès, conduit vers l'est et celle qui se dirige vers le Rif, au nord.

289
Le barrage de l'oued el-Makhazine protège des inondations la plaine qui s'étend de la ville de Ksar-el-Kebir au littoral atlantique.

291
Coincé au milieu des montagnes du Moyen Atlas, le barrage Idriss Ier est haut de 72 m.

292
Le barrage Idriss Ier a une capacité de retenue de 1 186 000 m³. Il est situé dans la région la plus riche en eau du Maroc.

293
Les petits villages des alentours du barrage vivent des oliveraies et des jardins potagers irrigués par l'eau du réservoir.

294
Un torrent venu du Moyen Atlas serpente le paysage aride de la région de Fès.

296-297
À quelques dizaines de kilomètres seulement de Fès, un délicat tapis de verdure recouvre les sommets des collines.

298-299
Situé à 30 km au nord de Meknès, Volubilis est le plus important site archéologique du Maroc. En 1997, l'Unesco l'a inscrit au patrimoine mondial de l'humanité.

300, à gauche

Au IIe siècle, Volubilis comptait 20 000 habitants et prospérait grâce à l'élevage et à la culture du blé et des oliviers. Des thermes, des arcs de triomphe et de nombreux bâtiments élégants furent alors construits par les Romains.

300, à droite

L'impressionnant arc de triomphe en marbre donnait accès à l'artère principale de la ville, le *Decumanus Maximus*.

301

La basilique civile, qui jouxte le forum de Volubilis, accueillait autrefois le tribunal ainsi que la Bourse de commerce.

303
Certaines communautés agricoles de la région d'Ifrane et d'Azrou se déploient en un cercle divisé en sections. Les fermiers ont ainsi facilement accès à leurs champs.

304
Un long remblai traverse l'arrière-pays de Casablanca.

305
Le Moyen Atlas offre de nombreux paysages associant terres cultivées et bois. Ainsi, la principale forêt de cèdres se trouve dans le triangle Ifrane-Azrou-Khénifra. Plus à l'ouest, ces zones, où l'on cultive des olives et des céréales, sont structurées en petites parcelles.

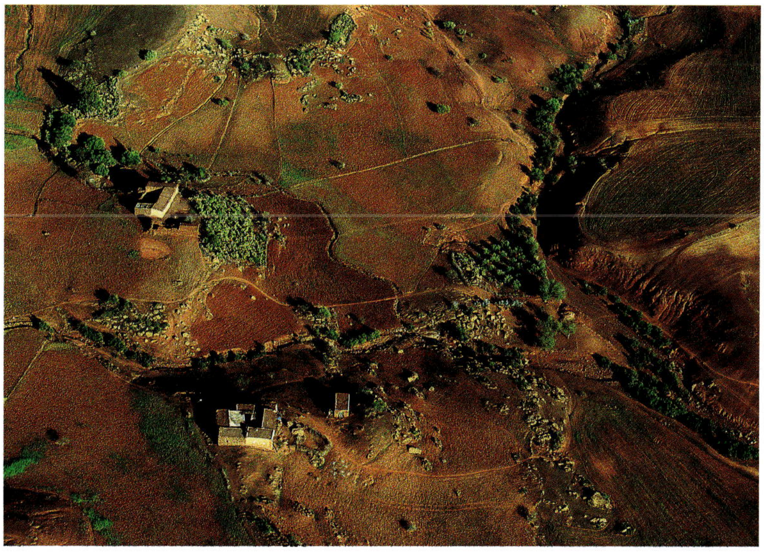

306
Le lit d'un cours d'eau asséché dessine une balafre dans ce paysage lunaire, à quelques kilomètres de la métropole de Casablanca.

307
La région rurale de Khénifra a récemment fait l'objet de plusieurs projets visant à soutenir financièrement l'agriculture et l'artisanat. Malgré cela, ses minuscules villages sont peu à peu abandonnés.

308-309
Les deux tiers de la population de la région de Chaouïa-Ouardigha vit en zone rurale. Pourtant, moins de la moitié des terres sont cultivées.

311
En 1578, les environs de Ksar-el-Kebir, dans la province de Boulemane, furent le théâtre de la fameuse bataille des Trois Rois, qui ouvrit la voie à la colonisation du Maroc et du Portugal par les Espagnols. Dans des gorges semblables à celle-ci, où coule l'oued el-Makhazine, 40 000 soldats perdirent la vie, ainsi que le roi du Portugal, l'ancien sultan du Maroc et le prince qui l'avait renversé.

312-313
L'oued Oum er-Rbia descend des versants nord du Moyen Atlas et irrigue les plateaux situés entre Khénifra et Beni-Mellal. Il se jette ensuite dans l'Atlantique au sud de Casablanca.

314 et 315

La présence de l'Oum er-Rbia ne signifie pas nécessairement que les plaines situées au sud de Khénifra sont fertiles. Serpentant sur 600 km, c'est la deuxième rivière la plus longue du Maroc. Huit barrages ont été nécessaires pour contrôler son débit de 117 m^3/s. Ils ont permis l'irrigation des plaines du Tadla, des Abda et des Doukkala.

316
Les pentes du Moyen Atlas donnent naissance aux terres vallonnées de Beni-Mellal, au cœur du Maroc.

317
Les éperons rocheux du Moyen Atlas encadrent la plaine de Beni-Mellal, la « capitale de l'orange ».

318-319 et 320-321
Bien que les terres soient plutôt arides au pied de l'Atlas, plusieurs projets forestiers et horticoles sont en cours de réalisation dans les environs de Beni-Mellal.

322
La présence de petits villages au cœur d'une région agricole fertile permet de tirer le meilleur parti des ressources naturelles et favorise les échanges autour de Beni-Mellal.

323
La route de Marrakech longe la plaine qui s'étend au sud de Beni-Mellal.

324
Beni-Mellal tente de persuader les jeunes de rester en leur offrant des emplois et des salaires comparables à ceux de la grande région industrielle de Casablanca.

326 et 327
Sur la route de Safi, non loin de l'Océan, de petites parcelles sont l'espace de pâture des moutons et des chèvres. Le terrain calcaire est également utilisé pour cultiver une variété d'oignons qui, en raison de la composition chimique du sol et de la proximité de la mer, possède un goût particulier très apprécié. Cette région est très peu peuplée.

328

328-329
Le barrage de Bin-el-Ouidane a été construit en 1953. Il joue un rôle fondamental pour les activités arboricoles et agricoles des terres fertiles situées entre Beni-Mellal et la plaine du Tadla.

330
Ce sont les villages situés au sud de Marrakech qui furent les premiers à prendre des initiatives pour répondre à la demande touristique, plutôt timide à l'origine.

331
Les tempêtes de sable venues du Sahara frappent souvent les collines et la plaine de Marrakech.

332-333
Marrakech est encadrée par de nombreuses petites oasis, portes d'accès aux vallées du Haut et de l'Anti-Atlas.

334
Depuis des siècles, les populations berbères labourent les terres autour de l'Anti-Atlas.

335
Les maisons construites avec des matériaux à base d'argile donnent l'impression de se camoufler, tant elles se fondent dans le paysage.

336-337
La zone frontalière entre la plaine de Marrakech et les versants ouest du Haut Atlas abrite herbes sauvages et plantes médicinales.

338
Aux environs du barrage El Mansour Eddahbi, les maisons en pisé évoquent, à une échelle réduite, les *ksour*, ces villages fortifiés des proches vallées du Dadès et du Drâa.

339
Les sols fertiles de la région de Marrakech en ont fait l'une des plus peuplées du Maroc.

340
L'élevage est le complément indispensable de l'agriculture dans les zones les plus isolées de la région de Marrakech.

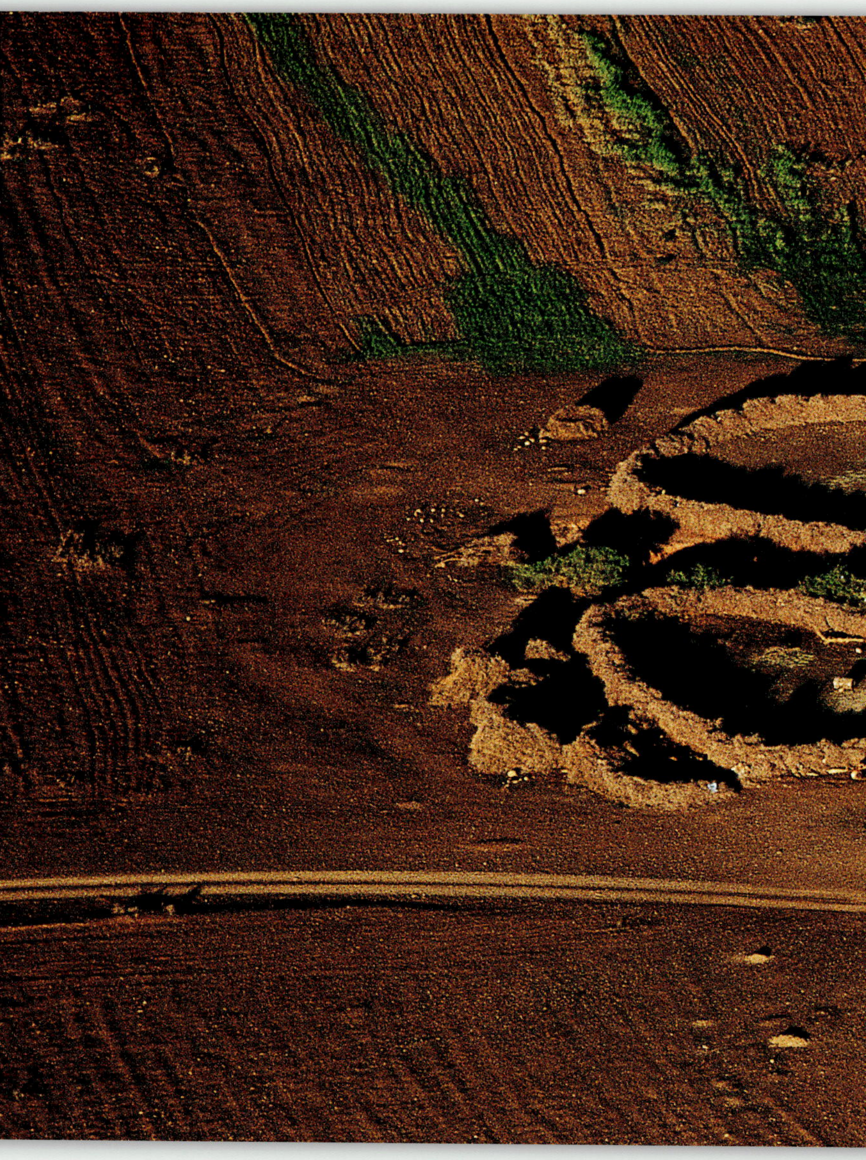

342-343
Les petites communautés rurales installées au sud de Marrakech doivent souvent faire face à des problèmes de sécheresse.

345
Les pluies saisonnières qui tombent sur la partie du Haut Atlas donnant sur la plaine de Ouarzazate permettent la croissance de petits bois et une urbanisation timide.

346-347
De spectaculaires canyons servent de décor au réservoir du barrage El Mansour Eddahbi, que l'on peut apercevoir sur la gauche.

348
Le barrage El Mansour Eddahbi canalise dans son réservoir environ 600 millions de mètres cubes d'eau provenant du Drâa. Il rend possible l'irrigation d'environ 10 000 ha de terres.

349, à gauche
La rive sud du lac artificiel est la moins densément peuplée.

349, à droite
Le barrage El Mansour Eddahbi délimite le paysage entre Ouarzazate et l'oasis de Skoura, avec le Haut Atlas en toile de fond.

LE MAROC DES CONTRASTES ET DES LÉGENDES BERBÈRES

ENTRE CIEL ET TERRE

MAROC ENTRE CIEL ET TERRE

351
La vallée du Dadès (à droite) court entre le Haut Atlas et le sombre massif volcanique du djebel Saghro.

352
Le Haut Atlas, qui culmine au mont Toubkal (4 165 m), est le massif le plus élevé du Maroc.

Au pays du soleil couchant, les montagnes sont fréquemment escarpées, hostiles, accidentées, mais elles sont toujours habitées. Les populations qui y vivent parlent le rifain, le tachelhit ou bien le tamazight. La diversité de ces langues est à l'image de la configuration complexe des montagnes qui les entourent.

Le paysage montagneux est omniprésent au Maroc. Les chaînes, plissées, alignées légèrement en oblique, sont séparées par une région vallonnée appelée la *meseta*. Elles sont tout à la fois un obstacle physique et le meilleur agent de liaison du pays. Elles divisent le Maroc en diagonale et délimitent aussi deux océans, l'un constitué d'eau, l'Atlantique, l'autre de sable, le Sahara. Là se situe le pays des Berbères, protégé par ses montagnes des intrusions étrangères indésirables. Les dialectes, les coutumes ainsi que les fêtes ancestrales célébrant le cycle des saisons et des moissons sont ici très présents et permettent de renforcer le tissu social.

C'est un monde à part, jaloux de son indépendance. L'histoire du Rif a été marquée durant des siècles par les guerres, et la culture du cannabis a souvent représenté la solution face aux retards de développement économique de la région. Il faut dépasser la curieuse réputation dont souffre le Rif et se délecter des paysages qu'il offre. Les paysages de la zone comprise entre Bab-Taza et Ketama évoquent ainsi davantage la Suisse que l'Afrique, avec leurs forêts de conifères et leurs chalets d'altitude. La route de crête qui descend, telle une ceinture d'asphalte, vers Fès et le Moyen Atlas délimite une zone de transition entre les régions méditerranéennes et le Grand Sud.

La présence de macaques de Barbarie donne un petit air exotique à cette région recouverte de prairies et de forêts mais dont les sols ne parviennent pas à retenir l'eau des pluies. Elle n'est de ce fait pas très hospitalière. Mais voici déjà Ifrane, qui aspire à devenir une station de sports d'hiver, et la région sauvage du Foum

Le Maroc des contrastes et des légendes berbères

Kheneg où les cônes volcaniques sont très nombreux. Voici la Forêt de cèdres qui entoure le col du Zad et les sources de l'Oum-er-Rbia, la plus longue rivière du Maroc qui draine toute l'eau de la région puis se jette dans la mer près d'El-Jadida.

Un monde de frontières en somme. Comme les cols du Tizi-n-Tichka et du Tizi-n-Test qui donnent accès au Haut Atlas. La spectaculaire corniche du Maroc fait 800 kilomètres de long et peut s'enorgueillir de posséder près de quatre cents sommets qui dépassent les 3 000 mètres ainsi que douze dépassant les 4 000 mètres. Ils alternent avec des plateaux, des cultures irriguées en terrasse et de profondes vallées creusées par les rivières fossiles qui, avec la pluie, peuvent devenir d'impétueux torrents puis resteront à sec pendant de longs mois.

Il faut garder les yeux grands ouverts pour apprécier les détails des ruelles des citadelles de pisé qui se fondent dans le paysage. Les bijoux, les tatouages et les costumes disent tout sur ceux et celles qui les portent, leur tribu d'origine, leur statut social, et même leur destin. Le henné est ici bien plus qu'une pâte permettant de se farder et de ralentir les effets du temps : pour les Berbères, il a aussi le pouvoir de guérir, de purifier et de protéger du mauvais sort. À quelque 20 kilomètres au nord de Boumalne, au cœur des gorges du Dadès, les environs d'Aït-Arbi sont propices au vagabondage de l'imagination et aux effets d'optique. L'érosion a sculpté les montagnes, donnant naissance à des rochers enroulés sur eux-mêmes qu'on appelle ici des « doigts de singes ». À voir également, les éperons rocheux des marges sud du massif où la neige des sommets du Haut Atlas évoque une sorte de meringue glacée. Servant de toile de fond au spectacle du désert, elles offrent des images incroyables tant les deux univers sont aux antipodes l'un de l'autre.

Les routes sont bien souvent de mauvaises pistes soumises aux caprices du climat de haute altitude et

Le Maroc des contrastes et des légendes berbères

difficilement praticables. On peut alors choisir de partir à la découverte des montagnes rougeâtres que les autochtones appellent la « Cathédrale », près du village de Tilougguite, ou de l'amphithéâtre naturel du cirque de Jaffar, au pied du djebel Ayachi. La presque andine vallée du Tizi-n-Ouano est plus agréable que l'aride massif d'Aït-Youl, parcouru par les nomades Aït Atta lors de la transhumance d'été. Avec leurs chèvres et leurs moutons, les éleveurs font le voyage en sens inverse à la mi-octobre, quand il commence à faire froid, pour se diriger vers les pentes plus hospitalières du djebel Saghro. Ils y ont mis en place une sorte de république pastorale reposant sur un mélange de noblesse, d'autorité et de tradition.

Une météo favorable est indispensable. C'est vrai pour les *imdyazn*, musiciens itinérants qui en été vont d'un village à l'autre, se faisant chroniqueurs, témoins et moralistes. C'est vrai également pour ceux qui tentent d'escalader le géant de l'Atlas, le Toubkal qui culmine à 4 165 mètres. Menaçant, le massif surplombe le village d'Imlil, comme s'il voulait décourager les alpinistes d'imiter le marquis de Ségonzac, qui en conquit le sommet en 1923, profitant ainsi d'un panorama époustouflant sur la région de Marrakech et le massif volcanique du Siroua.

Il ne faut pas avoir peur de marcher. Comme dans *Kundun*, le film que Martin Scorsese réalisa ici à partir de l'histoire du dalaï-lama, sorti en salles en 1997. Le tournage apporta de l'argent à la région, qui fut intelligemment investi dans des projets utiles aux communautés rurales. Dans la Vallée des roses, une excursion peut s'organiser vers El-Kelaâ M'Gouna. Au printemps, les teintes lumineuses des fleurs s'y épanouissent : des monceaux de pétales et de bourgeons sont entassés dans les cours et laissés à sécher. Commencent alors de complexes opérations visant à transformer cette matière première en onguents, parfums, savons et arômes pour de délicieuses confiseries.

MAROC ENTRE CIEL ET TERRE

356
Un village borde une rivière saisonnière, dans le Moyen Atlas. De l'autre côté, des parcelles irriguées dessinent une zone de verdure qui descend de la montagne.

Plus loin au sud voici l'Anti-Atlas, une autre chaîne de montagnes qui a l'aspect escarpé et aride des plateaux présahariens. Ici le climat rythme la vie quotidienne, impose ses règles et contraint les hommes dans leurs déplacements. En automne, il pousse des milliers de Berbères vers les grandioses espaces vides d'Imilchil, à plus de 2000 mètres, pour écouter la légende émouvante de deux jeunes gens issus de clans rivaux de la tribu des Aït Haddidou.

Amoureux, ils devaient se rencontrer en secret à cause de la vive hostilité de leurs familles. Un jour, ils quittèrent leurs familles respectives, marchant au travers des pâturages qui délimitent le Haut et le Moyen Atlas. Ils pleurèrent tellement qu'ils remplirent deux vallées de leurs larmes, donnant ainsi naissance aux lacs d'Isli et de Tislit, avant de se laisser mourir de faim et de désespoir.

Chaque année, un *moussem*, une fête traditionnelle très importante, donne l'occasion aux jeunes gens qui vivent sur ces plateaux de se rencontrer et de choisir librement leur partenaire. Ce gigantesque pèlerinage berbère sur la tombe d'un marabout vénéré se double d'une foire aux bestiaux. Au-delà du folklore, un *moussem* marque une rupture dans le quotidien, une cérémonie en l'honneur de quelque chose ou de quelqu'un : un saint, un chef de clan, une idée. Comme l'a écrit Tahar Ben Jelloun : « C'est un arrêt en chemin provoqué par le désir de l'âme. » Le dernier jour, des douzaines d'adolescents annoncent officiellement leurs fiançailles. Un exemple parfait de l'alchimie qui préside aux destinées des montagnes berbères : l'amour est même mis à contribution pour expliquer la géographie de l'Atlas, comme les sentiments des deux adolescents de la légende, et adoucir sa silhouette farouche.

359
L'alignement de crêtes du Haut Atlas forme une barrière entre la partie la plus fertile du Maroc, qui bénéficie de l'influence de l'Atlantique, et les terres les plus arides, qui se perdent dans les dunes du Sahara.

360
Il est possible, durant la saison froide, d'organiser des excursions dans l'Atlas avec des mules et un bon équipement.

361
La limite inférieure de l'enneigement descend rarement en dessous de 2 500 m sur le versant nord du Haut Atlas et de 3 000 m sur le versant sud.

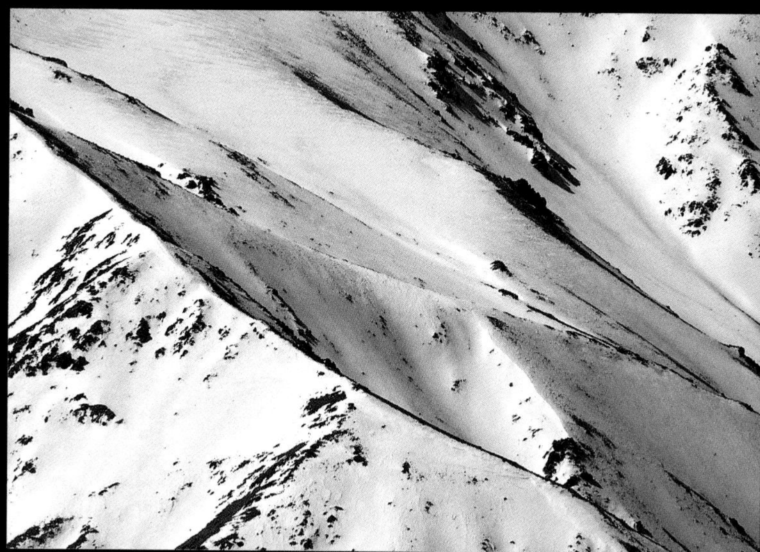

362
Il n'y a pas de glaciers permanents dans l'Atlas, mais les sommets de la chaîne centrale sont toujours enneigés l'hiver.

363
Le Haut Atlas a séduit de nombreux alpinistes. Ces dernières années, le ski et les sports d'hiver s'y sont également développés.

365
Des maisons, de la végétation, de la vie : le Haut Atlas des régions berbères apparaît accueillant vu du ciel. C'est le miracle de l'eau, qui coule en abondance depuis les hauts sommets enneigés et rend ces terres si fertiles.

366
Les montagnes du Haut Atlas portent une maigre végétation. Des villages rustiques émaillent les vallées, et les voies de communication sont rares.

368-369
Les torrents qui descendent du Haut Atlas sculptent le paysage, laissant partout les traces de leur passage, jusque sur les habitations des populations berbères.

371
Les précipitations sont importantes à proximité de la Méditerranée puis chutent sur les montagnes les plus au sud, c'est-à-dire dans le Moyen et le Haut Atlas.

372
Au début des années 1980, le gouvernement marocain lança de grands projets destinés à développer l'économie rurale des provinces berbères du Haut Atlas.

373
Dans le Haut Atlas, les maisons sont construites en pisé : un mélange de terre, de cailloux et de paille.

MAROC ENTRE CIEL ET TERRE

374

Les villages de l'Atlas, région autrefois désolée, ont longtemps vécu de l'élevage et d'une agriculture rudimentaire. Aujourd'hui, leurs habitants peuvent augmenter leurs revenus grâce au tourisme : il est en effet facile de se loger chez une famille berbère.

376
À haute altitude, le paysage du Haut Atlas est celui d'une steppe aride.

377
Bien qu'on les appelle « portes », ce sont des hameaux qui encadrent la chaîne du Haut Atlas.

378 et 379
Comme c'est le cas dans de nombreuses autres civilisations rurales, les petites fermes de l'Atlas ressemblent à des avant-postes de l'humanité face au néant. La présence de murets de pierre sèche prouve que, dans un passé récent, l'élevage de moutons était répandu dans cette région. Mais aujourd'hui, les éleveurs sont partis vivre en ville.

380
Une interminable succession de cols, de vallées étroites, de sommets et de versants dessine un motif sinueux et coloré. La magie du Haut Atlas opère totalement.

381
Ce paysage aride et vallonné annonce les nombreux hauts plateaux de la région d'Imilchil.

382-383
Les petits hameaux du Haut Atlas sont regroupés en unités territoriales plus importantes, selon une hiérarchie complexe de districts, provinces et régions.

384
Avec le Rif, le Haut Atlas est la région du Maroc qui bénéficie le moins de la croissance économique du pays.

386
Dans la région du mont M'Goun et du djebel Toubkal, trouver un village où se loger est une quête de plusieurs jours.

387
Le Haut Atlas est le paradis des amateurs de trekking et de photographie. Dans cette partie du Maroc, des phénomènes géologiques anciens ont modelé le paysage, donnant naissance à des sites grandioses.

388
Comme beaucoup d'autres, cette plaine proche de l'Atlas fait l'objet de projets de mise en valeur agricole. Investir des idées et de l'argent pour développer l'agriculture de montagne peut constituer une réponse à un exode rural en progression.

389
Les habitants du Haut Atlas se regroupent généralement en hameaux dans les zones les plus accessibles du massif.

390 et 391

Ce motif abstrait et pour le moins original est en fait une vue aérienne de torrents asséchés et d'un sol aride. C'est dans cet environnement austère que vivent les populations berbères du Haut Atlas.

392-393
La zone urbaine de Marrakech, très vaste, est adossée à une région montagneuse et aride.

394
Le Dadès, qui serpente au cœur de la vallée éponyme, irrigue de nombreuses oasis. La région est connue sous le nom de « vallée des mille *kasbahs* ».

395
L'altitude favorisant les précipitations, des buissons et une végétation spontanée couvrent les versants du Haut Atlas. Jusqu'à Marrakech, les collines sont mises en culture.

396
Les zones de verdure montrent que nous quittons le Haut Atlas pour atteindre la plaine de Marrakech.

397
La route qui va de Marrakech au Tizi-n-Tichka rencontre les premiers villages berbères du Haut Atlas.

398
Entre les montagnes serpente le Ziz, à l'est du massif du Haut Atlas.

399
À proximité de Tinerhir, la coulée verte qui ceinture le Ziz est une porte d'entrée sur le Tafilalt.

400
Le barrage Hassan-Addakhil doit son nom au premier prince alaouite qui s'installa au XIIIe siècle dans le Tafilalt. Il fut construit en 1971.

401
Le barrage Hassan-Addakhil est un vaste réservoir de 360 millions de mètres cubes d'eau utilisés pour l'irrigation.

402-403
Les paysages arides de la vallée du Ziz contrastent avec le réservoir du barrage Hassan-Addakhil.

404-405
Désolée et parfois même fantomatique, la vallée du Dadès, au sud de Boumalne est devenue une sorte d'Hollywood du désert De nombreux réalisateurs l'ont choisie comme site pour tourner leurs films héroïques.

406
En remontant le cours du Dadès, la végétation cède le pas à des zones désertiques. Mais la magie de la vallée du Dadès réside dans la pureté de l'air et de la lumière qui évoque déjà le Sahara.

407
Suivant le cycle perpétuel des saisons sèches et des saisons humides, le Dadès laboure des terrains arides et accidentés avant d'atteindre les oasis, annonciatrices du désert.

408-409
Non loin de Tamnalt, cette oasis est une porte d'entrée sur la vallée du Dadès.

410
Les précipitations sont suffisantes dans le Moyen Atlas pour que des vallons aient pu éclore le long du cours de torrents saisonniers.

411
La vallée du Dadès a sculpté de profondes gorges dans la partie sud du Haut Atlas.

412

Les gorges du Todra sont en passe de devenir un haut lieu de l'escalade. Sur leurs parois, on peut effectuer de nombreuses ascensions de difficultés variées.

413

Une piste en mauvais état serpente depuis les gorges du Todra jusqu'à la vallée du Dadès, en passant par le col du Tizi-n-Uguent Zegsaoun, à 2 639 m d'altitude.

414
Le Ziz prend sa source dans la région d'Imilchil et poursuit sa course vers la frontière algérienne, après avoir traversé le Tafilalt. Il est fréquent de croiser ici, le long d'une ancienne route commerciale, les vestiges d'un *ksar*, ancien village fortifié.

415
Citadelles et *ksour* : les paysages de la vallée du Ziz sont parmi les plus pittoresques du Sud du Maroc.

416
Les rives de la rivière qui traverse le Tafilalt sont parsemées de petits villages souvent inhabités.

417
La route allant de Er-Rachidia à Erfoud suit le cours du Ziz, seule zone verte dans une région pratiquement désertique.

418
Kasbahs et citadelles berbères s'étagent sur les rives du Drâa.

419
Les derniers contreforts de l'Atlas et de l'Anti-Atlas se terminent avec la vallée du Drâa, zone de transition conduisant au Sahara.

420-421
Sur une bande de quelques kilomètres, plusieurs villes bordent la route qui suit la vallée du Drâa. Certaines de ces cités ont su préserver des traditions artisanales de grande qualité.

422-423
Pendant des siècles, la vallée du Drâa a vu se construire des forteresses protégeant les populations contre les attaques des brigands. Ainsi, découvre-t-on des villages fortifiés, *kasbahs* et *ksour*, mais aussi des châteaux édifiés en pisé qui se fondent dans le paysage. Des agences de voyages proposent des circuits respectueux des sites, à effectuer à dos de dromadaire. Une fascinante promenade hors du temps.

424
Bien que la vallée du Drâa soit un site touristique majeur, villes et oasis ont pu être préservées.

425
À proximité d'une oasis longeant la vallée du Drâa, les ruines d'une citadelle abandonnée gisent sur une butte.

426
Une telle stratification du terrain est caractéristique de la région qui va du djebel Ougnat au désert caillouteux d'Alnif et de Mecissi.

427
L'immense région qui s'étend de la vallée du Dadès au Sahara est délimitée par les vallées du Tafilalt à l'est et du Drâa à l'ouest.

Index

Index

Index

PAOLO GALLIANI EST NÉ À DESIO (MILAN) EN 1952. IL EST JOURNALISTE ET CORRECTEUR AU QUOTIDIEN *IL GIORNO*. PASSIONNÉ DE VOYAGES, PAOLO GALLIANI EST L'AUTEUR DE NOMBREUX ARTICLES. IL EST DEPUIS DES ANNÉES SPÉCIALISTE DE POLITIQUE ÉTRANGÈRE ET A RÉALISÉ DES DOCUMENTAIRES GÉOGRAPHIQUES POUR LA TÉLÉVISION SUISSE ITALIENNE SUR LA BIRMANIE, LE PÉROU ET LA BOLIVIE. IL A ÉGALEMENT SIGNÉ PLUSIEURS GUIDES SPÉCIALISÉS. IL S'INTÉRESSE DEPUIS LONGTEMPS AU MAROC, ET PLUS PARTICULIÈREMENT À SON PATRIMOINE CULTUREL, QU'IL ÉTUDIE À LA FOIS SOUS UN ANGLE GÉOGRAPHIQUE ET ANTHROPOLOGIQUE.

Crédits photos

Toutes les photographies sont d'Antonio Attini/Archives White Star, sauf les suivantes ; pages 4-5 Gianni et Tiziana Baldizzone/Archives White Star ; page 9 Yann Arthus-Bertrand/Corbis ; pages 38, 76-77, 80-81 Gianni et Tiziana Baldizzone/Archives White Star ; page 194 Yann Arthus-Bertrand/Corbis ; page 196 Bruno Barbey/Magnum Photos/Contrasto ; pages 197, 198 Yann Arthus-Bertrand/Corbis ; page 201 Cécile Treal et Jean-Michel Ruiz/Hoa-Qui/HachettePhotos/Contrasto ; pages 202, 203, 205, 206, 207 Yann Arthus-Bertrand/Corbis ; page 209 Photononstop/Tips Images ; pages 219, 240 Yann Arthus-Bertrand/Corbis ; page 261 Fridmar Damm/zefa/Corbis ; pages 264, 265 Yann Arthus-Bertrand/Corbis.

Édition originale

Via Candido Sassone, 22-24
13100 Vercelli, Italie
www.whitestar.it
sous le titre *Flying High Morocco*
Photos : Antonio Attini
Textes : Paolo Galliani
Création graphique : Paola Piacco

Édition française

National Geographic France
Direction éditoriale : Françoise Kerlo
Responsable d'édition : Marilyn Chauvel
Responsable de la production : Alexandre Zimmowitch

Réalisation éditoriale
CASSI EDITION
Marie-Luce Némo, Julie Cot, Cécile Chavent

Nous tenons à remercier l'Association pour la sauvegarde du château de Lavardens, dans le Gers (www.chateaulavardens.com), qui nous a aimablement autorisés à utiliser le nom « entre ciel et terre ».

ISBN : 978-2-84582-264-1
Dépôt légal : septembre 2008.
Imprimé chez C&C, en Chine.

432
La vieille ville et le rempart, avec son bastion dominant la falaise,
sont les joyaux de la petite ville d'Asilah.

L'éditeur remercie le pilote Fiore Ambrogio et l'aéro-club de Reus.